FLY & CAMP TRÄUME

Werner K. Lahmann

MIT DEM WOHNMOBIL DURCH DEN AMERIKANISCHEN WESTEN

FLY & CAMP TRÄUME

Werner K. Lahmann

MIT DEM WOHNMOBIL DURCH DEN AMERIKANISCHEN WESTEN

Drei Brunnen Verlag GmbH & Co., Stuttgart

Einbandgestaltung u. Layout:
Jürgen Reichert
Karte: Bernd Matthes
Fotos: Werner K. Lahmann und
Olaf Lahmann (S. 138 + 142)

CIP-Titelaufnahme der
Deutschen Bibliothek

Lahmann, Werner K.:
Mit dem Wohnmobil durch den
amerikanischen Westen /
Werner K. Lahmann. – Stuttgart :
Drei Brunnen, 1990
ISBN 3-7956-0203-3

ISBN 3-7956-0203-3

1. Auflage 1990

Stuttgart, Friedhofstr. 11
Satz: Typobauer Filmsatz GmbH,
7302 Ostfildern 3
Druck: Offsetdruckerei Karl Grammlich,
7401 Pliezhausen
Bindearbeiten: Josef Spinner, 7583 Otters-
weier/Baden

Inhalt

Wer an Kalifornien denkt, denkt an *Hollywood*, an die *Cable Car* und die *Lombard Street* in San Francisco und auch an den *Grand Canyon*, obwohl dieser in Arizona liegt, und an *Las Vegas* inmitten der Wüste von Nevada.

Für viele Menschen ist der Westen der Vereinigten Staaten „ein kalifornischer Traum" mit den Stränden des Pazifik,

Einführung

dem Hochgebirge der *Sierra Nevada*, den heißen Wüsten und herrlichen Nationalparks.

All dieses wollen wir uns ansehen auf einer Reise

Mit dem Wohnmobil durch den Amerikanischen Westen.

Beeindruckt uns schon der Osten der Vereinigten Staaten durch seine Größe und Superhaftigkeit, so ist der Westen einfach umwerfend. Uns hat immer wieder am meisten die ungeheure Größe und Weite dieser Landschaft fasziniert.

Man fährt tagelang durch die steinige Halbwüste von Nevada und sieht nichts als Geröll und kurzes Gestrüpp. Die Nationalparks sind von bezaubernder Schönheit und die Canyons sind Zeugen von gewaltigen Naturkräften, die unsere Erde in Jahrtausenden aufgewühlt, zerklüftet und verändert haben. Ganz klein standen wir am Abgrund des *Grand Canyon*, bestaunten die goldschimmernden Felsnadeln im *Bryce Canyon* oder standen fassungslos vor den viertausend Jahre alten Mammutbäumen im *Yosemite Park*.

In diesem Buch möchte ich Ihnen Vorschläge machen, diese herrliche Landschaft im Wohnmobil zu erleben.

Zugegeben, es ist nicht jedermanns Sache, in so einem Wohnmobil zu hausen, aber für passionierte Camper kann es gar nichts Schöneres geben. Wir lieben die Freiheit und Unabhängigkeit dieser Reiseart und sehen die vorgeschlagene Reiseroute nur als „roten Faden" an: das Schöne an der Reise im Wohnmobil ist ja gerade die große Mobilität und Flexibilität, deshalb machen wir die Feinabstimmung der Reise oft erst während der Fahrt, die Straßenkarten und Reiseführer auf dem Eßtisch des Motorhomes ausgebreitet, während der Partner fährt.

Aber auch an die Pkw-Reisenden haben wir gedacht: Am Ende jedes Kapitels habe ich neben einem empfohlenen Campingplatz auch ein midprice Motel angegeben. Sowohl preislich als auch qualitativ ist man z. B. von der Motel-Kette „Best Western" oder „Motel 6" kaum einmal enttäuscht. Was die Sauberkeit anbelangt, muß man sich keine Sorgen machen; hier unterscheidet sich der amerikanische Westen sehr von der Ostküste, und wir haben uns angesichts der piksauberen Supermärkte in Kalifornien, Arizona und Utah für unser so gepriesenes reinliches Old Germany oft genug geschämt.

Im Anhang gebe ich einige Reiseinformationen, Tips für das Anmieten des Wohnmobils finden Sie im nächsten Kapitel. Zu den einzelnen Etappen der Reise sollte man sich Spezialliteratur beschaffen wie z. B. Karten und Beschreibungen der Städte oder Campingführer. Zu jedem Nationalpark und Canyon gibt es Spezialinformationen, meist schon am Parkeingang, auf jeden Fall immer im Visitors Center.

Die Geschichte der Vereinigten Staaten ist kurz aber aufregend. Noch heute wären Film und Fernsehen langweilig ohne die Indianer-, Einwanderer- und Cowboy Filme. Der „Goldrausch" von 1848 trieb viele Abenteurer in den Westen und noch heute zeugen *Geisterstädte* von diesem Teil der amerikanischen Vergangenheit. Der große Bürgerkrieg von 1861–1865 (Civil War) beendete 1865 die Sklaverei in den USA und 1908 wurde der Grundstein für die später weltbekannte Filmmetropole *Hollywood* gelegt. Mit dem Projekt des „Space Shuttle" (Raumfähre Columbia) begann 1981 ein neuer Abschnitt in der Weltraumfahrt.

Ich selbst bin natürlich kein Stück amerikanischer Geschichte, habe aber als Mitarbeiter einer amerikanischen Firma in Deutschland enge berufliche Beziehungen zu diesem Land und seinen Menschen, und meine Tochter Kristin, die im Osten der Vereinigten Staaten geboren ist, hat als Amerikanerin nicht das leidige Problem der Arbeits- und Aufenthaltserlaubnis und kann jetzt – in Kalifornien arbeitend – dieses Land ausführlich kennenlernen.

Ihr und meiner lieben Frau und getreuen Reisebegleiterin Helga gebührt Dank und Anerkennung für die „sachkundige" und allen Widrigkeiten trotzende Teilnahme an einer nicht immer „sachkundigen" Reiseleitung, denn Reisen bieten nicht nur Annehmlichkeiten, sondern fordern oftmals viel Mühe, Geduld und gegenseitige Rücksichtnahme. Wer dazu nicht bereit ist, sollte lieber daheim im Sessel sitzen und sich die schöne Landschaft im Fernsehen anschauen.

Ich möchte Ihnen mit diesem Buch helfen, Ihre Reise möglichst optimal planen zu können, um das Beste aus Ihrem wohlverdienten Urlaub zu machen.

Aber auch wer nicht reist, sollte sich an den Beschreibungen erfreuen und aus der Ferne die Weite und Stille dieser grandiosen Landschaft erfahren. Vielleicht erfüllt sich auch für ihn einmal „ein kalifornischer Traum"...

Von einzigartiger Schönheit sind die Hochebenen im Yosemite Park.

Egal ob selbstgestrickter Kastenwagen-Camper oder Hunderttausend-Mark-Wohnmobil: Die meisten Reisemobil-Urlauber geben als wichtigsten Grund für diese Urlaubsart die persönliche Freiheit und Unabhängigkeit an, die Losgelöstheit von Fahrplänen, Zimmerreservierungen und festen Zeitplänen.

Das Wohnmobil

Über die bundesdeutschen Straßen rollen bereits über eine Million Wohnmobile, ganz zu schweigen von den Highways in Kalifornien und dem ganzen amerikanischen Westen, wo es von Motorhomes nur so wimmelt.

Mobile Ferienwohnungen sind „in", als Mietobjekt für den Jahresurlaub und als gekaufte Unabhängigkeit für viele freie Wochenenden. Allerdings ist so ein rollendes Ferienhaus nicht gerade billig. Zwischen 30 000 und 90 000 Mark kosten die gängigen Wohnmobilmodelle. Für sein Geld bekommt der „Homemobiler" aber auch ein kleines technisches Wunderwerk: ein fahrbares Urlaubsvergnügen mit bequemen Betten, Kühlschrank, fließendem Wasser, Herd, Toilette und je nach Komfort mit Warmwasserdusche, Stromaggregat, Backofen und Klimaanlage.

Wohnmobile gibt's aber auch zur Miete. Je nach Größe und Ausstattung beträgt der Tagesmietpreis zwischen 100 und 300 Mark. Das große Urlaubsplus: Spezielle Wohnmobilvermieter und internationale Autovermietungen haben – vorausgesetzt man kümmert sich rechtzeitig darum – alle Komfort- und Preiskategorien zur Auswahl; Reisemobile in einfacher Ausführung für un-abhängige Wildcamper und Luxusmobile, in denen bequem sechs Personen Platz haben, mit getrennten Schlafräumen, Küche, Wasch- und Duschraum. Und: Vermieter haben immer die neuesten Modelle im Programm.

Die Zahl der Camper, die das ganze Jahr über immer wieder zu Kurzurlauben aufbrechen, wächst ständig. Gleichzeitig berichten Reisebüros von Campern als Neukunden, die mindestens einmal im Jahr eine Flugreise buchen. Damit steht fest: der Trend zum Mehrfachurlaub führt zu mehr Campingreisen, aber auch zu mehr Flugreisen, weil es einen Teil der Wohnwagenbesitzer in die Ferne zieht. Allerdings interessieren sich Jet-Camper bevorzugt für Reisemobile, mit denen sie am Zielflughafen sofort auf Tour gehen können.

Der deutsche Motor-Homer in Kalifornien ist in der Regel ein „Jet-Camper", der sein Reisemobil tunlichst schon in Deutschland gemietet hat und es am Zielflughafen reisefertig vorfindet. Und kein Land, außer Australien und Neuseeland, eignet sich besser für diese Art des Urlaubs als der Amerikanische Westen.

Die Amerikaner sind eine reiselustige Nation, erwarten jedoch dieselbe Großzügigkeit und Perfektion von Campingplätzen und Wohnmobilen wie von ihren Wohnungen und Häusern. Reisen ja, aber nicht primitiv. Deshalb gibt es in ganz Amerika eine große Anzahl guter und sehr guter Campingplätze mit allem Komfort, die auch ganz besonders auf die Belange der Wohnmobile eingerichtet sind. Die Einrichtungen eines normalen Campingplatzes umfassen generell: großzügige Anlage des Platzes mit genügend Rangierraum auch für größere Motorhomes, saubere sanitäre Einrichtungen, Waschmaschinen und Trockner, Kinderspielplatz, Schwimmbecken und Lebensmittelladen, sowie abgetrennte Stellplätze für jedes Fahrzeug mit allen nötigen Anschlüssen für Strom, Wasser, Abwasser (full hook up), meist mit rustikalen Picknick-Tischen und Bänken und oft mit eigener Grillstelle. Die einzelnen Stellplätze sind in der Regel so bemessen, daß Ihnen rund um Ihr Wohnmobil noch genügend Bewegungsspielraum bleibt und Sie nicht das Gefühl haben, von Ihrem Nachbarn in die Zange genommen zu werden.

Die so ausgestatteten privaten Campingplätze sind nicht ganz billig, zwanzig bis fünfundzwanzig Dollar pro Nacht (Fahrzeug und drei Erwachsene) muß man schon einkalkulieren. Die Plätze in den State Parks sind zwar auch sauber und ordentlich, haben aber meist nicht diesen Komfort und sind deshalb entsprechend billiger, acht bis zwölf Dollar.

Es gibt ganze Campground-Ketten in den USA – ähnlich wie bei uns die Hotelketten – die ein zentrales und kostenloses Reservierungssystem haben. So kann man sich bequem die Reservierung für die nächste Nacht machen lassen. Die bekannteste Kette ist **KOA**, Kampgrounds Of America, mit stets ausgezeichneten Plätzen, die allerdings nicht ganz billig sind. Trotzdem haben wir, wann immer es möglich war, den KOA-Platz aufgesucht, eben weil die Einrichtungen immer (bis auf eine Ausnahme) einwandfrei waren.

Ein Verzeichnis mit der Beschreibung aller KOA-Plätze einschließlich Lageskizzen bekommt man kostenlos in der Office jedes KOA-Platzes, und es empfiehlt sich, gleich beim ersten KOA-Platz einen Mitgliedsausweis zu beantragen. Dieser kostet sechs Dollar und berechtigt zu einer Ermäßigung von 10% auf allen KOA-Plätzen. Die Aufnahmebestätigung des Platzwartes gilt sofort und kann als Ausweis benutzt werden. Der richtige Ausweis in Form einer Kreditkarte wird Ihnen nach Hause nachgeschickt und erreicht Sie, wenn der Urlaub längst vorüber ist.

Welches Wohnmobil für welchen Urlaub?

Schon ein kleiner Fehler in der Planung kann den teuren USA-Urlaub zur Hölle werden lassen: Klimaanlagen sind in deutschen Autos noch recht selten, deshalb ist man geneigt, die Klimaanlage als erstes dem Rotstift zum Opfer fallen zu lassen. Aber tun Sie das ja nicht! Mieten Sie niemals ein Wohnmobil ohne Aircondition, wenn Sie in den Sommermonaten die Staaten bereisen wollen. Die Hitze in den Wüsten von Arizona, Nevada und Utah und die ungeheuere Schwüle in den Südstaaten sind für uns Europäer unvorstellbar.

Größe und Komfort des Wohnmobils richten sich natürlich nach der Größe der Reisegesellschaft und des Geldbeutels. Es gibt *Folding Camping Trailer* als zusammenklappbare Anhänger, *Travel Trailer* wie sie auch bei uns als Wohnanhänger bekannt sind, *Van's* in der Art unserer VW-Campingbusse, *Pick-up-Camper*, das sind Kleinlaster mit Wohnaufbau, und die *Mini-* und *Full Size Motorhomes*.

Für eine drei- oder vierköpfige Familie können wir eigentlich nur ein Full Size Motorhome von 21 Fuß oder etwas größer empfehlen.

Unser über den ADAC gemietetes Wohnmobil vom Typ GO 21 des Verleihers „Go Vacations" hatte folgende Einrichtungen: Gesamtlänge 7 Meter (21 Fuß), Schlafgelegenheit für 2 × 2 Personen (2 hinten, 2 im Alkoven), Warm- und Kaltfließwasser, Dusche, Spültoilette, Backofen, Gasherd, Kühlschrank, Dach-Airconditioner und Heizung, sowie Automatisches Getriebe, Servolenkung und Radio.

RV 21 (21 feet = 6,40 m)

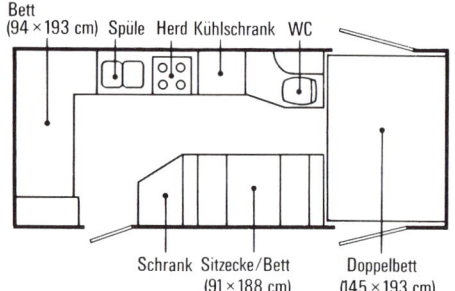

Bett (94 × 193 cm) Spüle Herd Kühlschrank WC

Schrank Sitzecke/Bett (91 × 188 cm) Doppelbett (145 × 193 cm)

Die Übergabe des Wagens in der Vermietstation durch deutschsprachiges Personal war stets gut und zuvorkommend. Der Zustand der Wagen war gut, und die Fahrzeuge waren nicht älter als 2 Jahre. Zwar würden Ihnen die amerikanischen Verleihfirmen auch keine alte Klapperkiste andrehen, jedoch erfolgt das Anmieten bei einem deutschen Veranstalter (ADAC, DER u.ä.) nach deutschem Recht, und bei Reklamationen ist es sicher leichter, mit einem deutschen Veranstalter zu verhandeln als mit einem amerikanischen.

Auf folgende Punkte sollte man bei der Übernahme des Wagens unbedingt achten:

* Haben die Reifen genügend Profil, ist ein Reserverad vorhanden (spare tire), funktioniert der Wagenheber?
* Ist eine Bedienungsanleitung für das Fahrzeug vorhanden?
* Stromkabel und Wasserschlauch, beides mit heilen Anschlüssen?
* Funktionieren Wasserpumpe und Klimaanlage?
* Wie wird die Warmwasserbereitung eingeschaltet?
* Wie wird der Kühlschrank von Strom auf Gasbetrieb umgeschaltet, funktioniert der Gasbetrieb?
* Funktionieren alle Blinker und Lichter?
* Halten die Türverschlüsse von Kühlschrank und Kleiderschrank? (das ist wichtig bei Kurvenfahrten!)

Man wird den Wagen mit Ihnen zusammen von außen besichtigen und alle Schäden in ein Protokoll eintragen. Achten Sie gut darauf, daß alle Kratzer und Beulen sowie alle Steinschlagbeschädigungen der Windschutzscheibe, auch kleine Stellen, ins Protokoll aufgenommen werden.

Die Mietbedingungen beim ADAC und DER für Wohnmobile des Verleihers „Go Vacations" sehen etwa so aus:

Die Mietstation
Sie können Ihr Fahrzeug an 13 Stationen in USA und Kanada übernehmen und zurückgeben. Die Stationen sind Montag bis Samstag von 9 bis 16 Uhr geöffnet. Die Wagenübernahme ist nicht vor 13 Uhr, die Rückgabe nicht nach 11 Uhr möglich. Die Mietstation übernimmt den Transfer vom Flughafen oder vom nahegelegenen Hotel zur Vermietstation und zurück.
Führerschein
Das Mindestalter für Fahrer dieser Wohnmobile ist 21 Jahre. Ein gültiger Führerschein ist Voraussetzung, ein Internationaler Führerschein ist nicht nötig.

Mindestmietdauer

*Die Mindestmietdauer bei unbegrenz-
ten Kilometern ist 14 Tage.*

Reservierung und Anzahlung

*Sie sollten Ihre Reservierung so früh
wie möglich vornehmen. Bei der Bu-
chung wird eine Anzahlung von 25 %
der Mietkosten erhoben. Der Restbetrag
ist 30 Tage vor Mietbeginn fällig.*

Versicherungen

*Folgende Versicherungen sind im Miet-
preis enthalten: Haftpflicht- und Kas-
koversicherung (1 Mio US $) mit einer
Selbstbeteiligung von 2000 $. Gegen
eine Gebühr von 8 $ pro Tag (maximal
240 $) kann die Selbstbeteiligung auf
200 $ gesenkt werden. Wird zusätzlich
eine VIP-Versicherung abgeschlossen*

„Full Hook Up"
nennt man die Ver-
sorgung des Wohn-
mobils mit Wasser,
Strom und
Anschluss für
Schmutzwasser-
Ablauf.

(4 $ pro Tag) beträgt die Selbstbeteiligung 50 $.

Zusätzlich zu dieser Grund-Haftpflichtversicherung können freiwillig die Zusatzversicherungen „CDW" (Collision Damage Waiver) und „VIP" (Vacation Interrupt Protection) bei der Mietstation abgeschlossen werden.

Bei **CDW** *handelt es sich um eine Teilkaskoversicherung, ausgenommen davon sind allerdings Schäden am Dach, am Unterboden bis 20 cm über die Stoßstange, die Windschutzscheibe, die Inneneinrichtung sowie Diebstahl und mutwillige Zerstörung.*

VIP *ist eine erweiterte Teilkaskoversicherung, die zusätzlich die o.g. Schäden abdeckt.*
Beide Versicherungen haften nicht *für Inneneinrichtung, persönliches Eigentum und bei Schäden abseits der öffentlichen Straße, z.B. auf Campingplätzen und Tankstellen!*

Kaution
Bei Übernahme des Fahrzeugs ist eine Kaution von 2000 Dollar zu hinterlegen (bzw bei CDW 300 $ und bei CDW mit VIP 50 $). Die Kaution wird bei einwandfreier Rückgabe des Fahrzeugs voll erstattet. Wesentlich unkomplizierter ist es, die Kaution mit einer Kreditkarte zu regeln, dann nämlich wird das Konto nicht belastet und der Kreditkarten-Zettel bei der Rückgabe einfach zerrissen.

Stornogebühren
Bei Nichtantritt der Reise sind folgende Stornogebühren zu bezahlen: Bis 30 Tage vor Mietbeginn: 120,– DM; 29–15 Tage vor Mietbeginn: 25% der Miete und ab 14 Tage vor Mietbeginn 60%

der Miete. Der Abschluß einer Reise-Rücktrittskosten-Versicherung wird deshalb dringend empfohlen.

Campingausrüstung
Eine komplette Camperausrüstung mit Geschirr, Besteck, Bettzeug, Handtüchern usw. kann für 50,– DM pro Person und Mietdauer gemietet werden.
Kosten
Der Mietpreis schließt lokale Steuer und alle Gebühren ein und bezieht sich auf unbegrenzte Meilen. Er betrug in der Hochsaison 1988 für das oben beschriebene Motorhome 192 DM pro Tag.

Leise und gleichmäßig surren die Triebwerke der Boing 747.

Unser LUFTHANSA Jumbo setzt zur Landung in Los Angeles an.

Der Non-Stop-Flug von Frankfurt hat genau elfdreiviertel Stunden gedauert, und die Glieder sind etwas steif geworden. Irgendwie sind die Leute jetzt unruhig. Jeder kramt in seinen Taschen

Welcome to Los Angeles

herum, sortiert Reisepapiere und Gepäckscheine, die Damen werfen einen letzten kritischen Blick in den kleinen Taschenspiegel, man zwängt die angeschwollenen Füße in die jetzt recht eng gewordenen Schuhe und verstaut die bereits dreimal gelesene Zeitung im Bordcase.

Flugkapitän Jonas meldet sich noch einmal um sich von uns zu verabschieden, und der Chef Steward ermahnt uns, das Rauchen einzustellen und die Rückenlehnen senkrecht zu stellen.

Es ist 13:25 Ortszeit. Das ist lustig, denn wir sind erst heute morgen um 8:15 aus Stuttgart abgeflogen und um 10:45 ab Frankfurt. Die moderne Luftfahrt macht's möglich. Natürlich hilft uns hier auch die Zeitverschiebung von neun Stunden zwischen Deutschland und Los Angeles.

Ein modernes Passagierflugzeug ist kein Stuka: der Landeanflug erfolgt im sogenannten Sinkflug, dabei bleibt das Flugzeug stets waagerecht, es sinkt nur ständig tiefer, dabei wird die Fluggeschwindigkeit herabgesetzt auf die für die Landung nötigen 200 bis 250 Stundenkilometer.

Siebenundsiebzig Meter ist er lang, der Jumbo, und fünfundsechzig Meter breit, über die Tragflächen gemessen. Wir sind jetzt etwa 3500 Zentner leichter als beim Start in Frankfurt, denn von den 180000 Litern Treibstoff ist nicht mehr viel übrig.

Der Kapitän drosselt merklich die vier riesigen Pratt & Whitney Turbodüsen, von denen jede gut zweieinhalb Meter Durchmesser hat. Dann poltert's unter dem Flugzeug, das sind die vier Vierfachräder des Fahrwerks, die aus einer großen Luke an der Unterseite der Tragflächen ausgestellt werden. Der dadurch erzeugte plötzliche Luftwiderstand bewirkt ein deutliches Abbremsen der Maschine. Ein kleiner Stoß verrät das Ausstellen der Bugräder, und eine weitere Drosselung der Geschwindigkeit erfolgt durch eine Veränderung der Tragflächen: die hinteren Teile werden steil nach unten ausgestellt.

Vorbei ist's mit dem sanften Dahingleiten in zwölftausend Meter Höhe mit 850 Stundenkilometern, einer Außentemperatur von minus 52 Grad und leiser Musik aus den Bordlautsprechern. Jetzt rappelt und zittert das ganze Gehäuse, ächzt unter dem Druck der deformierten Tragflächen und nähert sich, noch leicht den letzten Korrekturen des Piloten folgend, immer mehr den Häusern, Palmen und Autobahnen, die jetzt immer deutlicher unter uns zu sehen sind.

Dann setzt der Jumbo auf der Landebahn auf, sachte, erst einmal, dann endgültig mit einem zweiten kleinen Stoß. Sofort stellt der Capt'n die Triebwerke auf Leerlauf und die Spoiler der Tragflächen senkrecht nach oben. Jetzt senkt sich auch das Bugfahrwerk auf die Piste, und die Triebwerke werden auf Reverse gestellt, das heißt der Schub erfolgt jetzt nach vorn und die Maschine wird enorm abgebremst.

Eine perfekte Landung!

Einige Leute fangen an zu klatschen. Alles klatscht mit. Noch bevor das Flugzeug seine endgültige Position erreicht hat, fangen alle an zu wuseln und in den Gepäckkästen herumzukramen. Der Chef Steward ermahnt uns durch die Lautsprecher, noch sitzenzubleiben, aber keiner hört auf ihn. Er gibt noch einmal die Ortszeit bekannt, die Temperatur von 28 Grad und wünscht uns einen schönen Aufenthalt in Kalifornien.

Thank you for flying LUFTHANSA ...

*

Aber noch sind wir nicht im Lande der Palmen und Kakteen.

Wir folgen zunächst den bunten Pfeilen an den Wänden in der Schalterhalle, wo die Paßkontrolle erfolgt. Das kann bis zu einer Stunde und länger dauern. Da hilft auch ein Dauerlauf nicht viel, dieser endet sowieso meistens abrupt an einer Wegegabelung, wo eine uniformierte Flughafenangestellte die Ankommenden nach Amerikanern und Nichtamerikanern sortiert. Erstere eilen durch ein Extratürchen schnurstracks weiter und sind nach einer flüchtigen Paßkontrolle schon auf dem Weg nach Hollywood oder sonstwo, während auf die Ausländer eine böse Überraschung wartet: die moderne Version von Ellis Island vor den Toren von New York!

In einer von vielen deprimierend langen Schlangen, die sich zwischen roten Kordeln zu einem kunstvollen Zickzack winden – an das ferne Ende kommandiert von schwarzen Dragonern in Uniformröcken der Port Authority – warten hunderte von Fluggästen auf die Paßabfertigung. Die zwei Dutzend US-Grenzbeamte in ihren Glasboxen am Ende der Halle lassen sich durch nichts aus der Ruhe bringen. Preußische Beamte sind dagegen flinke Hasen. Die US-Kontrolleure blättern umständlich in ihrem dicken Fahndungsbuch, fragen jeden Ankommenden nach seiner Adresse in den USA, dem Zweck seines Besuches, der Länge des Aufenthaltes und andere Einzelheiten.

Achtung: Vor dem Schalter an der gelben Linie warten, bis der Vorgänger abgefertigt ist, sonst gibt's den ersten Anpfiff!

Der Paß-Mensch fragt normalerweise wie lange man gedenkt in den USA zu bleiben und ob der Anlaß der Reise ein geschäftlicher oder privater sei – natürlich auf englisch (für viele Reisende ist dies der erste Kontakt mit der amerikanischen Sprache).

Bei unserer Antwort auf die Frage nach der Adresse in den USA kommt er ins Schleudern: Wir hätten keine Adresse in den USA. Wir haben ein Wohnmobil in Los Angeles gemietet, das wir jetzt sofort übernehmen werden, und dann leben wir vier Wochen „on the road".

Das ist doch nicht verboten, oder?

Nein, das ist zwar nicht verboten, aber eine Adresse in Kalifornien müssen wir schon haben, sonst gibt's keine Einreise.

Wir haben aber keine Adresse, wir leben im Wohnmobil ...

Als der gute Mensch nach dreißig Minuten begann, die nächsten Wartenden abzufertigen, mußte uns etwas einfallen.

Helga hatte eine Idee.

„Komm wir gehen" sagte sie.

In der Umgebung von Los Angeles gibt es wunderschöne Wohngebiete mit vielen Blumen und Bäumen.

Hinten in der Schalterhalle lachte sie verschmitzt, nahm die Einreisepapiere und schrieb unter „Adresse" den Namen des einzigen Hotels, das sie kannte: Holiday Inn, Los Angeles.

In fünf Minuten waren wir draußen. Beim Zoll ging's schnell, und dann wird's Zeit, die Mietstation anzurufen. Amerikaner lieben mobile Ferien. Mit ihren Wohnwagen ziehen sie durch die Landschaft, von einem Campingplatz zum anderen. Campmobile sind keine zweirädrigen Anhänger, die man ans Auto kuppelt, sondern motorisierte Einfamilienhäuser: ausgebaute Kleinlastwagen, die sehr komfortabel, gleichzeitig aber auch schnell und bequem zu fahren sind. Sie haben – wie die meisten Personenwagen – automatisches Getriebe, Servolenkung und -bremsen sowie Klimaanlage.

Die meisten und schönsten Campingplätze liegen natürlich dort, wo die meisten Touristen sind: in den Nationalparks und am Meer.

Die Campinggebühren sind auf den öffentlichen Plätzen sehr gering, in der Größenordnung von fünf Dollar pro Nacht, auf den besser eingerichteten Privatplätzen hingegen meist recht hoch.

Wir hatten unser Wohnmobil schon von Deutschland aus gemietet. Ich kann das nur empfehlen, denn es ist bequem, sicher und preiswert. Der ADAC und das DER bieten Wohnmobile ihres Vertragspartners **Go Vacations** an. Das ist ein seriöser Vermieter mit 1700 Wagen allein in Kalifornien. Die Mietbedingungen und Preise erfahren Sie beim ADAC oder DER.

Wir hatten uns für einen 21 Fuß Wagen des Typs GO 21 entschieden: 7 m lang, 2,1 m breit, 118 l Abwassertank, 109 l Frischwassertank, 5,7 l Motor mit Automatikgetriebe, 125 l Tank, 4 Tonnen Gewicht, Klimaanlage, Kühlschrank, WC mit Dusche, Gasherd, Spültisch, Backofen, Sitzecke und 2×2 Schlafplätze. Ein sehr komfortables Fahrzeug für drei Personen. Sowas kostet in der Hochsaison 192 DM pro Tag bei unbegrenzter Kilometerleistung.

Nachdem wir den adressenhungrigen Paßmenschen mit Helgas Holiday Inn-Trick überlistet hatten, klappte alles wie am Schnürchen:

Ich rief die Go Vacation Station in Santa Monica an und meldete unsere Ankunft. Zwanzig Minuten später holte uns ein Kleinbus ab. In der Station wird gut deutsch gesprochen. Ein Go Vacation Girl aus Gießen erklärte mir die Bedienung des Wagens während meine beiden Frauen (Helga und Tochter Kristin) die Koffer auspackten und alles in die Schränke unseres rollenden Hotels verstauten. Die lästigen leeren Koffer kann man im Lagerraum der Mietstation lassen. Da der Wagen in Deutschland bezahlt war, mußte ich hier nur noch die Kaution hinterlegen, das heißt einen Abdruck meiner American Express Karte. Dieser Zettel wird bei ordnungsgemäßer Rückgabe des Wagens zerrissen, so daß keine finanzielle Belastung erfolgt.

Noch eine letzte Ermahnung, daß wir jetzt im Sommer – heute ist der 18. Juni 1988 – nicht durch's Tal des Todes fahren dürfen, weil die Motoren bei der mörderischen Hitze dort unten verrecken würden, dann starten wir zu unserer (zweiten) großen Rundfahrt durch den Amerikanischen Westen.

Die ersten Meter Fahrt mit dem Ungetüm sind etwas ruppig, und unsere sauber verstauten Habseligkeiten purzeln wild durcheinander, als ich die erste Kurve zu eng nehme und über den Bordstein fahre, aber mit jedem Kilometer wird die Fahrt besser. Man ist ja flexibel!

Gleich um die Ecke ist ein Supermarkt, in dem wir einen Grundvorrat an Lebensmitteln und Getränken einkaufen, einschließlich einem Grill für 2 Dollar 99, den wir für unsere vielen Steak und Salat Dinner brauchen.

Dann geht's ab in Richtung Norden auf dem Pacific Coast Highway Nr. 1 nach *Malibu*, wo ich vorsorglich eine Reservierung im *Malibu Beach RV Park* gemacht hatte.

Malibu ist ein typischer kalifornischer Badeort, der sich über etliche Kilometer entlang dem Pacific Coast Highway erstreckt, mit großen weißen Sandstränden und entsprechendem bunten Treiben in den Sommermonaten. Der Ort hat 12 000 Einwohner, darunter viele Schauspieler und Schriftsteller. Es gibt keinen eigentlichen Stadtkern, aber das Zentrum der Aktivitäten ist sicher der weit ins Meer herausragende hölzerne Pier mit *Alices* Restaurant, wo man sehr gut essen kann (veranschlagen Sie 25 $ pro Person).

Nach einem kleinen Abendessen auf dem ersten Campingplatz, einem Bier und einem Schluck California Wine legen wir uns um 21:00 Uhr zur Ruhe, nach insgesamt 26 Stunden!

*

1781 gründete ein Franziskanerpater die Mission „El Pueblo de Nuestra Senora la Reina de los Angeles de Porciuncula", zu deutsch „Das Dorf unserer Frau Königin der Engel von Porciuncula". Heute sagt man kurz *Los Angeles*.

Los Angeles ist keine Stadt im europäischen Sinne. Es ist eine Steinwüste ,ein Häusermeer aus Beton und Asphalt, durchzogen von achtspurigen Autobahnen. Die Stadt ist ein Bündel von 94 Kleinstädten, die durch die vielen Autobahnen zersägt sind und sich nie zu einem urbanen Zentrum zusammenschließen konnten. Als Urlauber sollte man sich darüber nicht echauffieren: Wir müssen nicht die Häuserwüste erkunden, sondern können uns auf die vielen schönen Dinge konzentrieren, die es in Los Angeles zu sehen gibt, und es gibt derer viele.

Nur Zeit braucht man, von Hollywood bis Disneyland z. B. sind es 50 Kilometer! Man sollte diese Entfernungen bei der Planung einkalkulieren. Als z. B. meine American Express Traveller Schecks zur Neige gingen, mußte ich für Nachschub sorgen.

Das AMEX Büro ist im Beverly Center am La Cienega Blvd in Beverly Hills. Also ließ ich meine Damen am sonnigen Strand von Santa Monica, fuhr kurz noch zur Go Vacation Mietstation und dann rauf nach Beverly Hills. Dort bekam ich anstandslos meinen Dollar-Nachschub und fuhr glückstrahlend zurück nach Santa Monica. Einhundertsechsundzwanzig Meilen – diese Stadt ist wahnsinnig!

Aber schön, wenn man sie länger kennt.

Zunächst aber fuhren wir vom Malibu RV Park aus südlich auf dem Pacific Coast Highway, nahmen in Santa Monica den Freeway Nr. 10, wechselten auf die 110 und später auf die 101, um so zum Hollywood Boulevard zu kommen, der Hauptstraße des Stadtteils *Hollywood*.

Hollywood – wie oft hatte ich in meiner Jugend davon geträumt!

Ich wollte immer zum Film. Nicht als Schauspieler, dafür hatte ich nicht das Gesicht, aber Kameramann, das war mein Traum! Kameramann in Hollywood, das war der Supertraum. Ich lernte Fotograf, kam natürlich nicht zum Film, studierte dann Physik und bin noch heute Physiker.

Aber in Hollywood, da bin ich nun – endlich!

Viel ist von dem alten Glanz allerdings nicht geblieben: Namensschildchen der Schauspieler, die am *Walk of Fame* in den Bürgersteig eingelassen sind, Hand- und Fußabdrücke der Stars vor dem Eingang zum Premierenkino *Mann's Chinese Theatre* am Hollywood Blvd 6925 **(818) 461–8111** und schmucke Fassaden längst verlassener Filmstudios. Diese sind – wie auch die Schauspieler – in die Vorstädte abgewandert.

Ein Besuch der *Universal Studios* lohnt sich sehr.

Wir fahren auf der 101 bis *Universal City* und nehmen dort den Exit „Universal Studio Tour". Dort kann man für drei Dollar parken, der Eintritt kostet 18,95 pro Person. Im Preis inbegriffen ist eine Fahrt mit der Intertainment Tram durch einige mit Filmtricks angefüllte Studios, dabei sehen wir King Kong, werden von Riesenhaien angegriffen oder in einem Bergwerk fast verschüttet. Ein netter Geck aus der Pappmache Welt des Films. Die Tour dauert zweieinhalb Stunden, wobei wir im Außengelände z. B. das Haus von Herman Monster („The Monsters") sehen oder „Miss Mona's Chicken Ranch". Information **(818) 508–9600**.

Viele Schauspieler haben *Beverly Hills* verlassen, ihre Villen sind aber jetzt nicht weniger attraktiv und von anderen Reichen und Neureichen besetzt.

Die Schauspieler von Hollywood wohnen in teuren Villen oder verschrobenen Häusern. Das *„Whitch House"* in Beverly Hills.

Beverly Hills lernt man am besten kennen bei einer Sightseeing Tour, die überall am Hollywood- oder Sunset Blvd angeboten werden (z. B. Hollywood Fantasy Tours, Inc. **(213) 469–8184**, ca 14 $). Mit dem eigenen Pkw – Wohnmobile sind auf den engen, schmucken Straßen dieses Nobelviertels nicht zugelassen – nehmen wir auf dem Highway 101 den Exit *Sunset Blvd* West und kommen, nach einer interessanten Fahrt durch's Herz von Hollywood, zum *Rodeo Drive*. Dabei können wir am Sunset Blvd 9641 das berühmte *Beverly Hills Hotel* bestaunen **(818) 276–2251**, müssen die bekannten Villen der Schauspieler dann allerdings selbst finden. Kinder verkaufen an jeder Straßenkreuzung Karten „How to see the Star Homes". Die meisten dieser Stars haben ihr „Home" zwar längst auf dem Friedhof, wir finden aber sicher einige nette Anwesen, z. B. das *Whitch House*.

*

Hollywood war in den Jahren des Ersten Weltkrieges zum größten Film-Produktionszentrums der Welt geworden. Aus einem technischen Kuriosum – den „Lebensrädern" und der „Laterna Magica" – hatte sich der Film sehr schnell zu einer einträchtigen Industrie entwickelt. Kurz nach dem Krieg begannen die amerikanischen Konzerne Goldwyn-Mayer, Paramount u. a. mit den europäischen Filmgesellschaften, unter denen die Ufa die größte Kapitalkonzentration besaß, um die Vorherrschaft auf dem Weltmarkt zu kämpfen. Von Jahr zu Jahr wurden mehr Filme produziert, die Zahl der Filmtheater stieg sprunghaft an. Allein in Deutschland wurden im Jahre 1922 474 Filme hergestellt. Deutschland stand damit hinter den USA an zweiter Stelle in der Weltfilmproduktion. Die teuersten und formal gekonntesten Filme jedoch entstanden in der „Traumfabrik" Hollywood, und die amerikanischen Filmbosse verstanden es meisterhaft, Menschen als Filmdarsteller zu entdecken, sie genau in den Rahmen ihres oft beschränkten Könnens einzusetzen und sie mit Hilfe weltweiter Werbeaktionen als „Stars" zu propagieren. Aber die Amerikaner erkannten, daß sie die europäische Filmproduktion nicht matt zu setzen vermochten. Daher gingen sie daran, eine europäisch orientierte Produktion in Hollywood aufzuziehen.

Was an Regisseuren und Schauspielern in Europa Rang und Namen hatte, erhielt dollarschwere Angebote. Nur zwei europäische Darsteller blieben länger: *Greta Garbo*, die jahrelang der Weltstar Nr. 1 blieb, bis sie 1941 freiwillig abtrat, und *Emil Jannings*, der aber mit Beginn der Tonfilmära nach Deutschland zurückkehrte, weil er die amerikanische Sprache nicht beherrschte.

Filme wie „Die Meuterei auf der Bounty" (1935) und „Vom Winde verweht" (1939) sind unvergessen, oder auch „Die Fabeln von King Kong" (1933), dem wir in den Universal Studios begegnen.

Nach 1945 hatte Hollywood den Kampf gegen den neuen Gegner Fernsehen endgültig verloren. Nach und nach verblasste der Ruhm, ja der Mythos dieser Filmstadt, der 1910 so stürmisch begonnen hatte. Damals, als Thomas Edison das kinematographische Patentmonopol besaß und die sogenannten unabhängigen Produzenten scharf bekämpfte. Diese zogen sich vor der Übermacht des Trust an die Westküste und die Nähe der mexikanischen Grenze zurück und entdeckten in der Nähe von Los Angeles eine verlassene Farm, auf der sie begannen, ihre Filmaufnahmen zu machen.

Der Name dieser Farm war „Stechpalmenwald" – *Hollywood* ...

*

Natürlich ist Los Angeles nicht nur Hollywood. Es gibt so viel zu sehen in dieser Stadt, daß man Monate braucht, um alles richtig kennenzulernen.

Ich möchte den vielen Büchern und Stadtführern von Los Angeles keinen weiteren hinzufügen. Aber einige der interessantesten Plätze möchte ich aufzählen. Je nach vorhandener Zeit sollten Sie sich die einzelnen Ziele vornehmen, hinfahren (Parkplätze sind überall vorhanden) und einfach schauen und sich freuen. Doch bedenken Sie die riesigen Abstände in dieser Stadt: Von Hollywood bis Disneyland sind es fünfzig Kilometer!

Disneyland, das Reich von Micky Maus und ihren Freunden, an der Ecke Katella Avenue/Harbour Blvd in Anaheim **(714) 999–4565**, 20 $/Person.

KOA Anaheim gegenüber Disneyland **(714) 533–7720**, 16 $/Person. (**KOA** Kampgrounds Of Amerika ist eine Kette sehr guter Zeltplätze)

Knotts Berry Farm, großer Spaß für die ganze Familie. 8039 Beach Blvd. **(714) 220–5200**, 14,95 $ pro Person.

Queen Mary, der wohlvertäute Superluxusdampfer, jetzt Hotel und Museum, und *Spruce Goose*, das Superflugzeug, beide am Pier J in Long Beach am Ende des Long Beach Freeway **(213) 435–3511**, 13,95 $ pro Person.

Fisherman's Village, ein künstlich angelegtes Fischerdorf mit hervorragenden Spezialitäten-Restaurants und dem größten Jachthafen der Welt *Marina del Rey* und der Halbinsel *Palos Verdes* auf der gegenüberliegenden Seite mit dem *Marineland of the Pacific* **(213) 823–4511**.

Griffith Park mit dem Zoo, dem Observatorium und einem schönen Blick auf die Stadt.

Los Angeles ist aber auch der Pazifik und 160 Kilometer Sandstrand. Den sollten Sie genießen.

Los Angeles

Am Pazifik, 200 km nördlich der mexikanischen Grenze
1600 Quadratkilometer
7 Mio Einwohner

Visitors Center:	*Arco Plaza, Level B* *Downtown Los Angeles* **(213) 689–8822**
Camping:	*Malibu Beach RV Park* *25801 Pacific Coast Highway* *Malibu, CA 90265* **(213) 456–6052** *33 Dollar pro Nacht*
Motel:	*Holiday Inn Bayview Plaza* *530 Pico Blvd* *Santa Monica, CA 90405* **(213) 399–9344** *100 Dollar Doppelzimmer*
Highlights:	*Hollywood und Beverly Hills* *Disneyland* *Universal Studios* *Venice Beach*

Die *Beach Area* erstreckt sich von *Newport Beach* im Südosten bis über *Malibu* im Westen hinaus. *Huntington Beach, Sunset-, Long-, Redondo-, Hermosa- und Manhattan Beach* sind die Strandabschnitte dazwischen, der „Strand der Strände" jedoch ist *Venice Beach* in *Santa Monica*. Hier wimmelt es von Beach Boys und Beach Girls auf Roller Scates, Fahrrädern oder auf ihren langen Beinen powackelnd über die Strandpromenade spazierend. Nackedeis gibt's hier allerdings nicht zu sehen. Die Amerikanerin geht nicht „oben ohne", auch nicht in Santa Monika. Die nackten Mädchen auf der Harley Davidson sieht man auch hier nur auf Postern.

Sonne, Strand und Palmen, das ständige Tosen des Pazifik, fröhliche Menschen, jung und alt – das ist Kalifornien, das ist der Strand von Los Angeles.

Trachtenpuppen sind etwas Schönes. Sie sind ein Stück des Landes, dessen Tracht sie tragen.

Sie blicken lieb oder traurig oder auch böse und sind eine Zierde der „Guten Stube". Viele Leute finden meine Puppensammlung albern, ich aber liebe sie. Jede einzelne Puppe erinnert mich an ein fremdes Land, an Menschen, Kultu-

San Diego und Tijuana

ren, Naturwunder und persönliche Erlebnisse. Die erste Puppe brachte ich 1962 aus Amerika mit, als ich mit meinen Weltreisen begann. Es ist ein Indianer, fünfzehn Zentimeter groß, in Felle gekleidet und mit Pfeil und Bogen bewaffnet. Ihm folgten viele weitere Puppen, alle um die fünfzehn Zentimeter groß und jeweils in ihrer Landestracht. Da gibt es einen Russen in Kosakenuniform mit Bart und grimmigem Gesicht, die Japanerin mit Schlitzaugen und Kimono und den Afrikaner mit perlenbesticktem Gewand. Aus jedem Land, das wir besucht haben, *eine* Puppe. Mit den Jahren ist eine stattliche Sammlung zustande gekommen, gewissermaßen ein „Inhaltsverzeichnis" unserer Weltreisen. Zugegeben, einige Länder sind dabei, die wir nur flüchtig kennengelernt haben, aber zu mager darf der Besuch nicht sein, und Zwischenlandungen mit dem Flugzeug zählen nicht.

Ein Tag in Mexiko würde uns „berechtigen", die Puppensammlung um einen kleinen Mexikaner zu bereichern. Da wir sowieso nach San Diego fahren wollten, planten wir von Los Angeles aus einen Abstecher nach San Diego und Tijuana, Mexiko.

Auf dem San Diego Freeway, Interstate 5, ist man in zweieinhalb Stunden in *San Diego* (213 km). Die Interstate 5 geht dann weiter bis an die mexikanische Grenze (27 km), wo man den Wagen am besten stehenläßt, zu Fuß über die Grenze geht und dann mit dem Taxi ins Zentrum von Tijuana fährt (5 $).

Aber zunächst einmal müssen wir unser rollendes Hotel für die Nacht unterbringen. Wir landen spät abends im *De Anza Harbor Resort* und haben keine andere Wahl, als uns dort einzumieten. Für dreißig Dollar pro Nacht auf einer Teerplatte! Dieser Platz ist nicht zu empfehlen, man sollte die Tour so planen, daß man rechtzeitig auf den viel besseren KOA Platz in Chula Vista kommt.

San Diego ist eine schöne Stadt mit gepflegten Häusern, Villen und Gärten und einer eindrucksvollen Silhouette. 1769 legten die Spanier dort ein Fort und eine Missionsstation an. Heute ist San Diego mit 960 tausend Einwohnern nach Los Angeles die zweitgrößte Stadt in Kalifornien.

Wer die Stadt schnell kennenlernen will oder muß, sollte an einer organisierten Stadtrundfahrt teilnehmen oder mit dem eigenen Pkw den 84 km langen *Scenic Drive* abfahren, der durch blaugelbe Schilder gekennzeichnet ist. Den Einstieg zu dieser Rundfahrt nehmen wir, von Los Angeles kommend, am besten gleich am Ortseingang von San Diego, dort wo sich die Interstate 5 und 805 gabeln. Das ist genau 7 Meilen hinter Solana Beach. Wir bleiben dort rechts auf der Interstate 5 und nehmen nach 1.5 Meilen die Ausfahrt „La Jolla

Altkalifornischer
Flair in *Seaport
Village* am Harbor
Drive in *San Diego*.

Bettelnde Indios in
Tijuana.

Village Drive" nach *La Jolla*. An der Abzweigung „La Jolla Center" (links) oder „Scenic Drive" (rechts) folgen wir den hier zum ersten Mal auftauchenden blaugelben Schildern des *Scenic Drive*, die uns für die nächsten 84 km begleiten und uns die schönsten Ecken von San Diego zeigen. Zunächst kommen wir nach *La Jolla Caves*, das ist ein Badeplatz zwischen den ausgehöhlten Felsen der Steilküste, wo man fast immer Taucher beobachten kann, die in dem glasklaren Wasser in die Meereshöhlen hinuntertauchen, und Teenager, die wagemutig in die Brandung hinausschwimmen.

Wer mehr Freude an Pelikanen hat, kann diese Vögel hier aus nächster Nähe beobachten und fotografieren.

Ein Wanderweg an der Steilküste überrascht immer wieder mit faszinierenden Ausblicken über das Meer und man beneidet die Leute, die hier oben ihre Villen stehen haben.

Zum Einkaufen und Abendessen trifft man sich in der Prospect Street, dort gibt es Bars, Hotels, Boutiquen und Kunstgeschäfte.

Von La Jolla aus folgen wir dem Scenic Drive südwärts und kommen durch schöne Wohngebiete mit verblüffenden Aussichtspunkten über die Stadt und das Meer. Die Fahrt geht durch den *Mission Bay Park*, über den *San Diego River* hinweg auf die Halbinsel *Point Loma*, auf deren äußersten Zipfel sich das *Cabrillo National Monument* befindet. Natürlich wieder mit Visitors Center, Andenkenbude und 3 Dollar Eintritt, aber dafür hat man von diesem 140 Meter hohen Felsplateau einen wunderschönen Blick auf San Diego und die San Diego Bay.

Ein alter Leuchtturm und das *Cabrillo Denkmal* zeugen von längst vergange-nen Tagen: Fünfzig Jahre nachdem Columbus die Neue Welt entdeckt hatte, landete der spanische Entdecker Juan Rodriguez Cabrillo mit zwei Segelschiffen auf Point Loma, um von hier aus die Kalifornische Westküste zu erobern.

Sehenswert in San Diego ist weiterhin der *Balboa Park* (8 $) an dem Highway 163 mit dem berühmten *San Diego Zoo* (6.50 $)

In dem 560 ha großen Park findet man große Pinien- und Zypressenhaine, eine reichliche subtropische Vegetation und das „Spanische Dorf".

Old Town San Diego liegt etwas nördlich, dort wo sich die Interstate 5 und 8 kreuzen. Hier gibt es einige historische Gebäude aus der Zeit vor 1846 und viele hübsche Läden.

In der Nordwestecke der Kreuzung von Interstate 5 und 8 liegt der *Mission Bay Park* mit dem *Sea World Aquarium* (14.95 $). Dort gibt es Delphine, Seelöwen und einen drei Tonnen schweren Killerwal zu sehen.

Seaport Village am Harbor Drive am Fuße des Keltner Blvd ist ein Boutiquen- und Restaurant Viertel mit Alt-Kalifornischem Flair. Gleich daneben ist die Dampferanlegestelle. Die *Hafenrundfahrt* mit dem Raddampfer oder einem anderen Sightseeing Schiff ist ein Erlebnis und die sieben Dollar wert. Man hat einen schönen Blick auf die Skyline von San Diego und bekommt einen guten Eindruck von dem riesigen Hafen.

Etwas außerhalb vom Stadtkern an der Interstate 15 liegt die *Mission Basilica San Diego de Alcala*. Die „Mutter der Missionen" wurde 1769 von Padre Junipero Serra gegründet, als erste der 21 Missionen an der Kalifornischen Westküste.

Ein Glückspilz ist, wer die Zeit hat, sich irgendwo an dem 112 Kilometer langen herrlichen Sandstrand zu erholen!

*

Meine erste Bekanntschaft mit *Tijuana*, oder zumindest mit dem Namen Tijuana, habe ich nicht im Südwesten der USA gemacht, sondern daheim vor der Stereoanlage bei den rhythmischen Klängen von Herb Alpert und der Tijuana Brass.

Tijuana ist die nördlichste mexikanische Stadt direkt an der Grenze zu Kalifornien und 27 km südlich von San-Diego, hat 1.3 Mio Einwohner und jährlich 20 Mio Besucher.

Wir hatten unser Rollendes Hotel auf dem Parkplatz an der Grenze stehen gelassen (3.50 $) und sind dann über die Grenze nach Mexiko gepilgert. Mit deutschem Reisepass und US Dollars ist man hier der King: Man spürt deutlich, daß die „Gringos", die Amerikaner, hier nicht allzu beliebt sind, wohl aber ihr Geld. Darauf ist auch die Hauptgeschäftsstraße, die *Avenida de la Revolucion* total ausgerichtet: Nachtklubs, Cafes, Geschäfte und Andenkenbuden reihen sich bunt aneinander, und bettelnde Indios stehen überall herum, die Arme ausgestreckt, manchmal billigen Tand feilbietend.

Das beste in Tijuana ist das mexikanische Essen. Sowohl im „La Costa", 150 Calle 7, als auch im „Pedrius", 1115 Avenida de la Revolution, gibt's typische mexikanische Gerichte mit der traditionellen „Margerita", einem stark alkoholischen Zitronengetränk, zu moderaten Preisen.

Natürlich haben wir hier eine Puppe gekauft, einen süßen kleinen Mexikaner mit riesigem Sambrero und schwarzem Schnurrbart. Er ziert jetzt unsere Puppensammlung in der Reihe der Erinnerungen an viele schöne Reisen.

San Diego

In der Südwestecke von Kalifornien an der Grenze zu Mexiko.
960.000 Einwohner

Visitors Center:	*11 Horton Plaza*
	First & F Street
	(619) 236–1212
Camping:	*KOA San Diego Metro*
	111 North 2nd Ave.
	Chula Vista, CA 92010
	(619) 427–3601
Motel:	*Best Western Blue Sea Lodge*
	707 Pacific Beach Drive
	San Diego, CA 92109
	(619) 483–4700
	100 Dollar Doppelzimmer
Highlights:	*Sea World*
	Balboa Park
	Hafenrundfahrt
	Seaport Village

Entfernung Los Angeles – San Diego **213 km**

Wo sind sie geblieben, die Stars von Hollywood?
Beverly Hills wurde von den Neureichen erobert, nachdem sich die Großen des Filmgeschäftes von dort weitgehend zurückgezogen hatten. Zwei Regionen haben sie seitdem bevorzugt, die Stars und Schriftsteller von Beverly Hills: Malibu – dort wohnt Larry Hagman,

Palm Springs und Joshua Tree National Monument

der J. R. aus „Dallas", und *Palm Springs*.
Einhundert Meilen östlich von Los Angeles, etwa zwei Autostunden auf der Interstate 10, liegt *Palm Springs*, die „Winter Golf Hauptstadt der Welt". In dem weiten *Coachella Valley* am Fuße der bis 3300 Meter hohen *San Jacinto Mountains* hat sich Palm Springs zu einem der beliebtesten Ausflugsorte Kaliforniens entwickelt, der jährlich über zwei Millionen Besucher anlockt. Über siebzig Golfplätze und mehrere hundert Tennisplätze sowie Heißluftballonfahrten und Ausritte in die Wüste sind bei Jung und Alt beliebt. Und wem es bei 38 Grad zu heiß wird, der steigt in die *Palm Springs Arial Tramway* und läßt sich von dieser Schweizer Seilbahn in 14 Minuten auf den 2840 m hohen *Mount San Jacinto* hinauffahren, wo es auch im Sommer zuweilen noch

Häufig anzutreffen in der *Mohave Wüste* sind die außerordentlich stacheligen *Opuntia Bigelovii* Kakteen

Schnee gibt. Die „Talstation" liegt auf 880 Meter Höhe am westlichen Ortseingang am Ende einer Bergstraße, die vom Highway 111 aus gut ausgeschildert ist. Parkplatz – auch für Wohnmobile – ist dort ausreichend vorhanden und sogar ein kostenloser Zubringerbus von den etwas entfernteren Parkplätzen zur Station.

Die Fahrt kostet 12.95 Dollar für Erwachsene, $ 7.95 für Kinder, die Gondeln fahren laufend ab 10 Uhr an Wochentagen und ab 8 Uhr an Wochenenden, jeweils bis 20 Uhr. Oben gibt's Restaurant und Andenkenladen und einen weiten Blick in das *Coachella Valley*. Man erkennt deutlich das künstlich angelegte, grüne Palm Springs inmitten der gleißenden, fast weiß flimmernden Wüste. An klaren Tagen soll man bis Las Vegas sehen können. Gleich hinter der Bergstation der Seilbahn beginnt ein ausgedehntes Wandergebiet, und das „Nordic Ski Center" ist vom 15. November bis Mitte April in Betrieb. Auskünfte über den Seilbahnbetrieb erhält man über **(619) 325–1391**.

In Palm Springs selbst geht man bummeln oder einkaufen im *Desert Fashion Plaza Shopping Center*, 123 N Palm Canyon Drive oder in der *Palm Springs Mall* am Tahamitz-McCallum Way. Der Palm Canyon Drive ist der „Ku'damm" von Palm Springs, und wer gern flaniert, kommt hier voll auf seine Kosten. Daß Sie hier Bob Hope begegnen, kann ich nicht garantieren, seine Villa aber liegt hoch oben auf einem Felsen mit Blick auf das Coachella Tal und hat die Größe eines mittleren Kaufhauses. Von der Wüste aus ist sie zu erkennen. Auch Frank Sinatra lebt in Palm Springs, im Stadtteil *Rancho Mirage*, umgeben von Golf- und Tennisplätzen.

Ins Zentrum von Palm Springs mit dem Fashion Plaza und der „Flanierstraße" gelangt man ganz einfach, denn der North Palm Canyon Drive ist ein Teil des Highway 111, auf dem man sowieso nach Palm Springs hineinkommt. Die Abzweigung des HW 111 von der Interstate 10 kurz vor Palm Springs ist nicht zu verfehlen und gut ausgeschildert.

Den Campingplatz finden wir ohne Probleme. Er liegt am Ramon Drive Ecke Date Palm Drive. Ramon Drive ist die große Ost-West Straße in Palm Springs senkrecht zum Palm Canyon Drive mit eigener Anbindung an die Interstate 10, Ausfahrt Thousand Palms.

*

Wer sich in Palm Springs langweilt ist selber schuld.

Der Veranstaltungskalender von nur einem einzigen Monat bietet etliche interessante Veranstaltungen und präsentiert weltbekannte Stars. Den Veranstaltungskalender und weitere nützliche Informationen über Palm Springs und Umgebung erhält man kostenlos im Informationszentrum gegenüber vom Desert Fashion Center.

Im März 1989 wurde u. a. folgendes geboten:

* *Virgin Slim Tennis Turnier mit Chris Evert, Pam Shriver und Hana Mandlikova*
* *La Quinta Classic Jazz Festival mit Dizzy Gillespie*
* *Desert Museum Spring Gala mit Kirk Douglas*
* *Coachella Valley Concert mit den Harfisten John Escosa & Michael Rado*

* *Die Londoner Synphoniker unter Patrick Flynn's Taktstock*
* *Joanna Hodges Piano Conference & Competition*
* *Die California Angels (Baseball) mit Catcher Bob Boone*
* *15th Annual Square and Round Dance Festival*
* *Newsweek Tennis Champions Cup mit Boris Becker.*

Und tolle Reihenhäuser direkt im Tenniszentrum gibt's auch noch zu kaufen, ca 110 Quadratmeter mit Benutzung aller Sportanlagen wie Tennis, Sauna, Whirlpool, Schwimmbad, Clubhaus-Parties in herrlicher Umgebung zwischen Wasserfällen und Palmen – für 99 990 Dollar bei zwanzigtausend Dollar Anzahlung und monatlichen Raten von 581 Dollar entsprechend 8,021 % effektivem Jahreszins – ein verlockendes Angebot!

*

Fährt man den North Palm Canyon Drive südwärts, so biegt die Straße kurz hinter dem malerischen *Cedar Creek Inn* scharf links ab. An dieser Stelle kann man auf einer schmalen Straße geradeaus weiterfahren. Das ist South Palm Canyon Drive. Diese Straße führt zu den *Indian Canyons*, zwei ausgedehnten Felsschluchten mit dichtem Palmenbestand. Man sagt, es seien über 3000 Palmen. *Palm Canyon* ist sicher der eindrucksvollere Canyon und ermöglicht mit 24 km Länge ausgedehnte Wanderungen entlang einem malerischen Flußbett, welches dicht mit Palmen bewachsen ist. Das Land gehört zur *Agua Caliente Indian Reservation*, und ein plötzlich auftauchender Indianer hoch zu Ross erinnert mich wieder an längst vergangene Kindertage mit Winnetou und Lederstrumpf.

Natürlich gibt's auch dieses schöne Fleckchen Erde nicht umsonst: Eintritt 3 Dollar, die am Ende des South Palm Canyon Drive kassiert werden.

*

Der Aufenthalt im Palm Canyon richtet sich ganz nach der zur Verfügung stehenden Zeit und Kondition. Bei einem kurzen einstündigen Rundgang erhält man einen schönen Eindruck, die Ganztagswanderung hingegen ist ein Erlebnis für sich.

Auf dem Rückweg über den South Palm Canyon Drive stoßen wir beim Cedar Creek Inn wieder auf den Highway 111 und folgen diesem jetzt in Richtung Süden, also rechts herum bis in den Ortsteil *Palm Desert*. An der Kreuzung mit dem Hwy 74 können wir, falls es die Zeit erlaubt, einen Abstecher machen zum *Living Desert*, einem kleinen Wüstenpark mit über eintausend Wüsten-Pflanzen, die mit Schildern gekennzeicnet sind, so daß man hier endlich einmal lernen kann, wie das dürre Gestrüpp der Wüste heißt und wie es blüht (die meisten Pflanzen hier sind künstlich bewässert).

Living Desert liegt 1.5 Meilen südlich vom Hwy 111 an der Portola Avenue, einer Seitenstraße des Hwy 74. Die Fahrt dorthin geht durch ein wunderschönes Wohngebiet mit herrlich gepflegten Anwesen und blitzsauberen Straßen. Der Weg ist einigermaßen gut ausgeschildert, der Eintritt beträgt 5 Dollar, Auskunft über Tel. **(619) 346 – 5694**.

Folgen wir dem Highway 111 über die Kreuzung mit der 74 hinaus, so gelangen wir über *Indian Wells* nach endlos

Der *Palm Canyon*
lädt ein zu ausge-
dehnten Wanderun-
gen.

erscheinender Fahrt bei *Indio* wieder auf die Interstate 10, der wir 24 Meilen folgen bis zur gut ausgeschilderten Abzweigung zum *Joshua Tree National Monument*. Dieses 2253 Quadratkilometer große Gebiet besteht aus zwei unterschiedlichen Wüstentypen: die tiefer gelegenen Teile gehören zur *Sonora Wüste*, während der höher gelegene nördliche Teil zur *Mohave Wüste* gehört. Dort gibt es große Bestände des *Joshua Baumes*, der dem Gebiet den Namen gegeben hat. Ebenfalls häufig anzutreffen sind die außerordentlich stacheligen *Opuntia Bigelovii Kakteen*, die man im nördlichen Teil des Parks auf großen Flächen findet. Ihre langen, spitzen Stacheln dringen bei leichter

Berührung sofort durch die Hosenbeine tief in die Haut ein und sind wegen ihrer feinen Widerhaken nur schwer zu entfernen. Von diesen schmerzlichen Anhängseln kann einen nur eine Pinzette und ein paar gute Augen befreien. Ich fand nach meiner unliebsamen Begegnung mit diesen Stachelbürsten sachkundige Hilfe bei ein paar jungen Leuten, die gerade ihrerseits eine ähnliche „Operation" überstanden hatten. Also Vorsicht beim Fotografieren der Opuntia Bigelovii!

Wie in allen Nationalparks sollte man auch hier vorher tanken, denn auf der 118 km langen Strecke von *Indio* an der Interstate 10 bis *Twentynine Palms* am Nordausgang des Parks gibt es keine Tankstelle.

Der Eintritt beträgt fünf Dollar pro Auto, das Besucherzentrum ist in Twentynine Palms. Diese Stadt mit dem putzigen Namen liegt am Nordende des Parks an dem Highway 62.

Dieser Hwy 62 ist auf der Straßenkarte zwar nur als ein dünner roter Strich eingezeichnet, es ist aber eine gut ausgebaute zweispurige Schnellstraße, auf der man flott vorankommt. Wenn man bedenkt, daß auch auf den Autobahnen eine Geschwindigkeitsbegrenzung auf 65 mph, also gut 100 km/h besteht und diese häufiger kontrolliert wird als bei uns in Deutschland, so kann man von Twentynine Palms aus getrost die Abkürzung nach *Needles* über die 65 fahren, muß dann allerdings gleich kurz hinter dem Ort nach links abbiegen auf die nummernlose Straße nach Amboy-Essex. Fahren Sie ruhig diese Abkürzung, denn der Umweg über die Autobahnen 10, 15 und 40 ist unverhältnismäßig groß. Und geschwindigkeitsbegrenzende Ortschaften gibt es in der Wüste nicht!

Palm Springs

100 Meilen östlich von Los Angeles
36400 Einwohner
137 m üM

Visitors Center:	*Airport Park Plaza*
	255 N El Cielo Rd.
	Palm Springs, CA 92262
	(619) 327–8411
Camping:	*Outdoor RV Resorts Palm Springs*
	69–411 Ramon Rd.
	Cathedral City, CA 92234
	(619) 324–4005
Motel:	*Best Western Cambridge Inn*
	1277 S Palm Canyon Drive
	Palm Springs, CA 92264
	(619) 325–5026 *75 $*

Joshua Tree National Monument
70 km nördlich von Palm Springs
330 m üM
2253 qkm groß
Informationen im Besucherzentrum Palm Springs

Highlights:	*Palm Canyon Drive Shopping*
	Indian Canyons
	Palm Springs Arial Tramway
	Joshua Tree National Monument

Entfernung Los Angeles – Palm Springs **160 km**

Der Weg durch die Wüste ist heute nicht mehr beschwerlich.

Gute Autobahnen mit Rastplätzen und Tankstellen garantieren flotte Fahrt, und mit einer Klimaanlage im Auto werden auch die höllischen Temperaturen erträglich. Überhaupt sollte man sich von den Temperaturen von 40 bis 50 Grad Celsius nicht erschrecken las-

Durch die Mojave Wüste zum Grand Canyon

Die Kalifornische Wüstenpalme *Josua Tree* oder *Yukka* in der Mojave Wüste.

sen : die trockene Hitze macht uns nicht so zu schaffen, wie bei uns zu Hause die 29 Grad im Sommer bei hoher Luftfeuchte. Obwohl es in diesen Halbwüsten im Frühjahr sturzbachartig regnen kann, ist doch die größte Zeit des Jahres von unbarmherziger Trockenheit.

Vom Joshua Tree National Monument aus machen wir uns auf den langen Weg zum Grand Canyon, mitten durch die *Mojave Wüste*. Bei *Essex* treffen wir auf die Interstate 40, die genau nach Osten führt, über Needles und Kingman nach Flagstaff. 29 Meilen vor Flagstaff müssen wir links abbiegen auf die State Road 64 bzw. die US 180, die uns nach 59 Meilen direkt an den Südrand des Grand Canyon bringt.

Neunhundert Kilometer durch die Wüste von Kalifornien; eine nie endende Einöde von Geröll, Steppengras und ausgetrockneten Flußbetten. Ein großes Hochtal, von Bergen umgeben, die fast 1800 Meter hoch sind. Wir fahren Stunde um Stunde und sehen nichts wie braunes Geröll, Bergketten, einige wenige Autos und chromblinkende Trucks, und die Kalifornische Wüstenpalme *Joshua Tree* oder *Yukka*. Kurz vor Fenner gibt es einen Rastplatz, der aber im Juli so schrecklich heiß ist, daß wir hier nur kurz halten um die Beine zu vertreten und die Glieder tüchtig zu recken. Auch die Tankstellen sind auf diesen Wüstenstrecken nur dünn gesät, und man tut gut daran, rechtzeitig nachzutanken und dabei auch das Kühlwasser zu kontrollieren! Wir fahren die 730 km von Palm Springs bis zum Grand Canyon natürlich nicht an einem Tag sondern übernachten in *Needles*, dort wo wir an der Grenze zu Arizona zum ersten Mal den *Colorado River* sehen. Der dortige KOA

Durch die Mojave Wüste zum Grand Canyon

Platz ist etwa eine Meile vom Colorado entfernt, so daß wir diesen berühmten Fluß bei einem abendlichen Spaziergang in Augenschein nehmen können. KOA Needles, **(619) 326–4207**, 18 $ pro Nacht, für drei Personen.

Abends um 18:30 knallte hier die Sonne immer noch erbarmungslos auf den nur kärglich mit Bäumen bepflanzten Platz, und der leichte Wind brachte auch keine Linderung. Da half nur die Klimaanlage, die wir die ganze Nacht laufen ließen. Wir hatten die 350 km problemlos abgespult und starteten am nächsten Morgen früh, um rechtzeitig am Grand Canyon zu sein, denn auf *Mather's Campground* direkt am Canyon bekommt man nur einen Platz, wenn man rechtzeitig, d.h. vor zehn Uhr morgens, dort ist. Die 380 km Autobahn hatten wir mittags geschafft, und wir bekamen tatsächlich einen Platz im *Trailors Village Camp Ground*, ebenfalls direkt am Canyon (12 $ für drei Personen)

*

Grand Canyon – der große Abgrund. Zwei Millionen Menschen kommen jährlich um es zu sehen, dieses herausragende Naturwunder der USA. Jeder Besucher hat vorher eine Menge über den Canyon gehört und gelesen und findet seinen Anblick wie Millionen vor ihm atemberaubend und überwältigend.

So ergeht es auch uns.

Fassungslos stehen wir vor dem Abgrund am *Yavapai Point* und sehen 1800 Meter unter uns das blaue Band des Colorado. Gegenüber liegen die roten Schichten des *North Rim*, der nördlichen Kante des Canyon mit seinen vielen Nebentälern. Wir befinden uns

Fassungslos stehen wir vor dem Abgrund am *Yavapai Point* und sehen 1800 Meter unter uns das blaue Band des Colorado.

auf einem riesigen Hochplateau, dem *Coconino Plateau*, rund 2100 Meter üM. In dieses Plateau hat der *Colorado River* diese gewaltigste Schlucht der Erde hineingegraben bis auf eine Tiefe von 1800 Metern. Uns Europäern sind solche Dimensionen einfach fremd. Der Canyon ist 443 Kilometer lang und etwa 1,8 Kilometer tief. Die Breite ist unterschiedlich, von 180 Meter bis 30 Kilometer. Der Fluß – in 1800 Meter Tiefe – ist etwa 90 Meter breit, bis zu 15 Metern tief, und er fließt mit 10 Stundenkilometern. Im Bereich des Grand Canyon National Parks durchschneidet der Colorado das Plateau von Ost nach West, deshalb gibt es den Südrand (*South Rim*) und den Nordrand (*North Rim*). Der meistbesuchte Teil ist South Rim mit dem Ort *Grand Canyon Village*. Dort gibt es zwei Campingplätze, die Hotels *El Towar Hotel*, *Bright Angel Lodge* u.a., sowie Post, Bank, Supermarkt, Krankenstation und andere Serviceeinrichtungen.

Der weniger besuchte *North Rim* liegt 305 Meter höher als der Südrand und ist in Luftlinie 16 km von diesem entfernt. In *North Rim Village* steht die bekannte *North Rim Lodge*, ein Meisterwerk aus Holz und Stein aus dem Jahre 1928. Wer dorthin will, muß den Canyon in zwei Tagen durchwandern – 1800 Meter runter und 2000 Meter wieder rauf – oder den Canyon östlich umfahren bis zu der Brücke über den Colorado bei *Marble Canyon* und von dort auf der SR 67 südwärts bis zum North Rim – eine Fahrt von 345 Kilometern!

Wir bleiben am Südrand und schauen uns zunächst im Village um: Im Supermarkt füllen wir unsere Vorräte auf und im Besucherzentrum versorgen wir uns mit Karten und guten Ratschlägen.

Ein kostenloser Bus fährt alle Aussichtspunkte am Südrand an. Die Busse fahren in Abständen von 20 Minuten, man kann deshalb an jedem Aussichtspunkt 20 Minuten verweilen (oder 40, 60, 80 . . .) und dann mit dem nächsten Bus weiterfahren. So kann man bequem alle großartigen Punkte des Canyon besuchen. Auf diese Weise sehen wir *Mather Point, Yavapi Point, Hopi House* und *El Tovar Hotel, Bright Angel Lodge* mit *Bright Angel Lookout Point, Trail View, Hopi-* und *Pima Point* und die „Endstation" im Westen: *Hermit's Rest*.

Damit ist fast ein ganzer Tag ausgefüllt. Am späten Nachmittag machen wir einen Rundflug im Vistaliner der Grand Canyon Airlines. Der Flugplatz liegt acht Kilometer südlich an der SR 64, die Flüge starten alle volle Stunde (ca. 45 Minuten Rundflug) und kosten 50 Dollar pro Person **(602) 638–2407**. Der Flieger mit 19 Sitzen darf seit einigen Jahren nicht mehr in den Canyon hineinfliegen, so daß dieser Rundflug in Höhe der Abbruchkante nicht das allergrößte Erlebnis ist. Man sollte vielleicht lieber mit dem Helicopter in den Canyon fliegen, diese Tour ist für gleiches Geld kürzer, aber sicher eindrucksvoller. Abflug schräg gegenüber vom Flugplatz **(602) 638–2887**.

Eigentlich hatten wir uns vorgenommen, am nächsten Tag auf dem Maultier in den Canyon zu reiten. Man startet dazu um neun Uhr in der Frühe bei der Bright Angel Lodge und ist um vier Uhr nachmittags wieder zurück. Kostenpunkt 56 Dollar pro Person, jedoch werden wir bei der Anmeldung beinahe ausgelacht: Die Ausritte sind auf Monate ausgebucht, zweimal zwanzig Pferde pro Tag – bis Oktober. Es gibt auch einen Zweitage Ritt mit Über-

nachtung in einer einfachen Hütte in der *Phantom Ranch* unten am Colorado, das kostet einschließlich Übernachtung und Essen 170 Dollar pro Person – und ist ebenfalls ausgebucht. Voranmeldungen über: Fred Harvey, Inc, Grand Canyon, AZ 86023, Tel **(602) 638–2631.**
So beschließen wir, den Canyon auf „Schusters Rappen" zu erforschen.

*

Wer in den Canyon absteigt, sollte sich über einige Dinge im Klaren sein: Der Pfad geht steil bergab, bis zur Oase *Indien Gardens* ist ein Höhenunterschied von 945 Metern zu bewältigen, der Weg ist sehr staubig, und die Sonne knallt unbarmherzig in den Kessel hinein. Die Felswände verdoppeln die Hitze, und kein einziges lindes Lüftchen ist zu verspüren. Wer keinen Hut aufhat bekommt unweigerlich einen Hitzekoller, und ohne Wasser ist man sowieso verloren.
Es gibt zwei Pfade in den Canyon, den *Bright Angel Trail* und den *Kaibab Trail*. Beide treffen sich unten am Colorado. Der Kaibab Trail ist elf Kilometer lang und steiler als der Bright Angel Trail. Es gibt dort kein Wasser, so daß man mindestens vier Liter pro Person mitschleppen **muß!** Wer dies nicht beachtet kommt unten halbtot an oder nie! Bitte nehmen Sie keine Thermosflaschen oder Eiswasser mit. Auf dieser höllischen Tour sind Sie froh, alle 100 Schritt einen Schluck brühwarmes Wasser trinken zu können!

Wir steigen neben der Bright Angel Lodge in den *Bright Angel Trail* ein, jeder mit nur einem Liter Wasser bewaffnet, da es an diesem Weg drei Wasser-

stellen gibt. Der Pfad ist staubig und von den Mulis aufgewühlt. Wir lassen eine Gruppe Reiter vorbei, denn hier haben die Mulis immer Vortritt. Wie die Tiere diesen steilen, unwegsamen Pfad meistern, mit ungeübten „Reitern" auf dem Buckel, ist uns ein Rätsel. Aber es geht, und bald verschwindet die Gruppe hinter dem nächsten Felsvorsprung. Für derartige Ausritte nimmt man gern Mulis statt Pferden, denn sie sind trittsicherer, geduldig und sehr ausdauernd.
Bald sind wir über und über mit rotem Sand bedeckt, und die Kehle wird trocken.
Still ist es hier unten, und heiß. Ich bemerke alsbald einen unverzeihlichen Regiefehler: Wir hatten keine Hüte mit. Mein Thermometer zeigte bald 45 Grad im Schatten und 55 Grad direkt auf dem Kopf gemessen. Schließlich haben

Wir steigen neben der *Bright Angel Lodge* in den *Bright Angel Trail* ein, mit Wasser versorgt, aber ohne Hüte!

**Durch die
Mojave Wüste zum
Grand Canyon**

wir uns das Hemd über den Kopf gezogen und sind wie die Beduinen weitergewandert. Lieber Sonnenbrand auf dem Rücken als einen Hitzekoller. 800 Meter ist das Gefälle und sieben Kilometer die Entfernung bis zur grünen Oase *Indien Gardens*, wo es die einzigen Bäume und den einzigen Schatten gibt. Nach kurzer Rast wandern wir weiter auf dem Plateau „Tonto Platform" bis hin zum Aussichtspunkt *Plateau Point*, drei Kilometer von der Oase entfernt. Der Weg auf dieser Plattform ohne jeden Schatten, bei 45 Grad Hitze und ohne einen einzigen Luftzug

Bei 45 Grad Hitze und außerordentlicher Trockenheit im *Grand Canyon* freuen wir uns über blühende Kakteen am Wegesrand.

Maultiere beim Abstieg in den Grand Canyon auf dem Bright Angel Trail

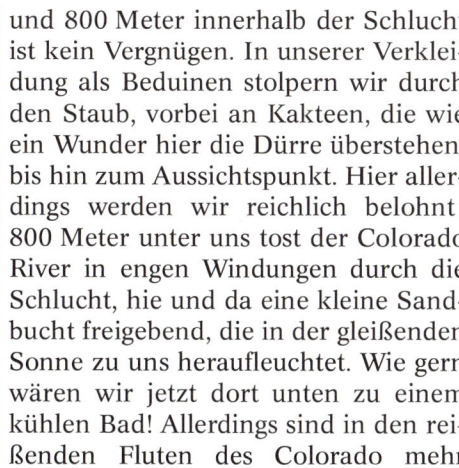

800 Meter ist das Gefälle und sieben Kilometer die Entfernung bis zur grünen Oase *Indien Gardens*, wo es die einzigen Bäume und den einzigen Schatten gibt.

und 800 Meter innerhalb der Schlucht ist kein Vergnügen. In unserer Verkleidung als Beduinen stolpern wir durch den Staub, vorbei an Kakteen, die wie ein Wunder hier die Dürre überstehen, bis hin zum Aussichtspunkt. Hier allerdings werden wir reichlich belohnt: 800 Meter unter uns tost der Colorado River in engen Windungen durch die Schlucht, hie und da eine kleine Sandbucht freigebend, die in der gleißenden Sonne zu uns heraufleuchtet. Wie gern wären wir jetzt dort unten zu einem kühlen Bad! Allerdings sind in den reißenden Fluten des Colorado mehr Leute ertrunken als hier oben am Hitzschlag gestorben. Außerdem ist der Weg herunter zum Fluß noch einmal so lang und steil wie der bisherige Abstieg. Unten gibt's eine Hängebrücke über den Fluß, die berühmte *Suspension Bridge*, und gleich auf der anderen Seite liegt die *Phantom Ranch*, ein einfacher Hütten- und Zeltplatz zum Übernachten. Man benötigt unbedingt eine Reservierung, auch zum Übernachten im eigenen Zelt **(602) 638-2631**.

Von der Phantom Ranch führt ein Pfad von 22 Kilometern Länge zum 1760 Meter höher gelegenen *North Rim* empor. Diesen Weg vom Süd- zum Nordrand kann man nur als Zweitagestour machen und man sollte nicht vergessen, daß dazu eine unerhört gute Kondition Voraussetzung ist.

Wir wandern zur Oase zurück, füllen unsere Flaschen mit Wasser und starten zu dem sehr beschwerlichen Aufstieg.

„it's like hell" japst ein Amerikaner im Vorübergehen ...

Nach einer Gesamtzeit von neun Stunden kehren wir völlig erschöpft aber überglücklich zu unserem Wohnmobil zurück. An diesem Abend bin ich fix und fertig, mir schmeckt nicht einmal das Steak. Meine beiden Begleiterinnen sind besser drauf: Helga durch ihr Tennis-Training und Kristin durch ihre Jugend. Vor 30 Jahren bin ich auch noch anders gelaufen.

Trotzdem: Die Wanderung auf dem *Bright Angel Trail* gehörte zu den schönsten Erlebnissen unserer Rundreise. Als wir am frühen Morgen vom *Bright Angel Trailhead* heruntergeschaut hatten zur Oase und dem Plateau, hatten wir das Gefühl, in weniger als zwei Stunden dort unten sein zu können ...

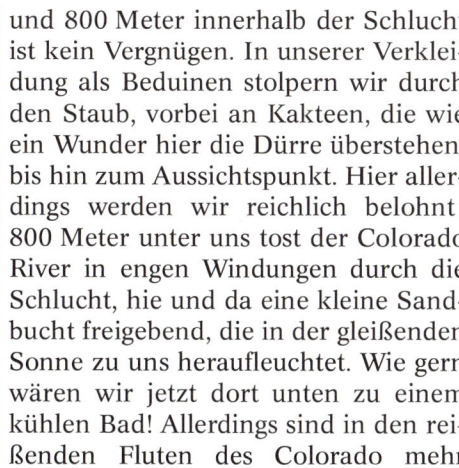

Im Jahre 1938 wurden die ersten Bootsfahrten auf dem Colorado organisiert. Norm Nevills hieß der Mann, der mit einem selbstgebastelten Boot und zwei Passagieren die Fahrt durch 160 Stromschnellen wagte. Heute macht man das mit großen Schlauchbooten. Die Fahrten beginnen bei *Lee's Ferry*, einige Meilen nördlich der Navajo Bridge bei Marble Canyon. Die Tour dauert vier Tage und endet im Grand Canyon unterhalb der Phantom Ranch. Diese Fahrten werden immer beliebter, besonders bei jungen Leuten, und müssen lange, am besten schon ein Jahr im Voraus, gebucht werden, z. B. bei: Arizona Raft Adventures, Robert L. Elliott, P. O. Box 697, Flagstaff, AZ 86002, Tel. **(602) 526–8200**.

Den Abschluß bildet dann der beschwerliche Aufstieg auf dem Bright Angel Trail zur Bright Angel Lodge. „It's like hell – but phantastic" ...

Am nächsten Morgen machen wir unser Wohnmobil startklar und nehmen den *East Rim Drive* etwa 40 km weit bis zum Wachturm am *Desert View*. Aber bereits nach einer Meile machen wir Halt am *Mather Point*. Gegenüber liegt das gewaltige *Walhalla Plateau* mit dem Aussichtspunkt *Cape Royal*, das man vom North Rim Inn aus erreicht. Nach weiteren 32 km erreichen wir das *Tusayan Ruin & Museum*. Die Ruinen sind uninteressant, aber im Museum erfahren wir, daß die *Anasazi* nicht die ersten Indianer im Grand Canyon waren, obgleich sie die Schlucht schon 500 n. Chr. besiedelten. Die Anthropologen fanden Figuren aus Weidenholz, die darauf schließen lassen, daß bereits im Jahre 2000 v. Chr. die Schlucht von Menschen bewohnt war.

Der letzte Aussichtspunkt am East Rim Drive ist *Desert View* mit einem schönen, zwanzig Meter hohen Aussichtsturm aus Stein, dem *Watchtower*. Von hier hat man einen herrlichen Blick auf den 1200 Meter tiefer fließenden Colorado und auf das gesamte zerklüftete Massiv des Grand Canyon.

Spät am Nachmittag zieht von Westen her jetzt Dunst und Nebel in den Canyon – hoffentlich bleibt das Wetter schön.

Grand Canyon National Park

In der Nordwestecke von Arizona, 135 km nördlich von Flagstaff
5000 Quadratkilometer groß
2100 m ü.M (1800 m über dem Colorado)
Temperaturen im Juli über 40 Grad
Besucherzentrum in Grand Canyon Village

Camping:	*Mather Campground, Box 129*
	Grand Canyon, AZ 86023
	(keine Reservierung!)
	(602) 638-2411 *8 $/Platz*
Hotel:	*Bright Angel Lodge*
	(602) 638-2631 *40–70 $*
	El Towar Hotel
	(602) 638-2631 *85–105 $*
Information:	*The Superintendent*
	Grand Canyon National Park
	P. O. Box 129
	Grand Canyon, AZ 86023
	(602) 638-2411
Highlights:	*South Rim Free Minibus Tour*
	Bright Angel Trail Tour
	Desert View

Entfernung Palm Springs – Grand Canyon Village:
730 km

Ich kann mich noch gut an den Film „Höllenfahrt nach Santa Fe" erinnern. In unserer mecklenburgischen Kleinstadt mußten wir Schulbuben kurz nach dem Zweiten Weltkrieg lange anstehen, um eine Karte für diesen amerikanischen Western zu bekommen. Schon als Kinder erlebten wir hier die wilde Romantik der unendlichen Ebe-

Monument Valley Navajo Tribal Park

nen Arizonas – nur hatten wir damals keine Ahnung, wo diese tollen Western Filme gedreht wurden. Erst jetzt, vierzig Jahre später, stehe ich vor diesem gewaltigen Panorama und sehe im Geiste die Reiter vorbeistürmen und die großen Trecks der Einwanderer über das Steingeröll poltern.

„Stagecoach" (Höllenfahrt nach Santa Fe) von John Ford war der erste Western, der im *Monument Valley* gedreht wurde (1938). Ihm folgten viele andere, von denen „My Darling Clementine" (1946), „The Searchers" (1956), „How the West wos won" (1962) und „The Legend of the Lone Ranger" (1980) die bekanntesten sind. Was wären alle diese großen Western Filme von John Ford ohne die Landschaft des Monument Valley, ohne dieses Tal, das noch heute zur Reservation der *Navajos* gehört. John Ford kehrte immer wieder hierher zurück. Und er wurde so etwas wie ein Ehrenmitglied der Navajos.

Nach ihm ist auch ein Teil dieses Parks benannt.

Aber auch von vielen Reklamebildern kennen wir die drei Buttes oder Kegelstümpfe aus rotem Sandstein, die sich wie riesige Monumente vor der unendlichen Wüste im Osten erheben.

*

Nach unseren großartigen Erlebnissen am Grand Canyon waren wir abends noch die vierzig Kilometer bis zur *Cameron Indian Trading Post* gefahren, eine Meile nördlich nach der Einmündung des Highway 64 auf den HW 89. Dort gibt es einen öden, wüstenartigen RV Platz, der gerade gut genug ist zum Übernachten (15 $), aber der wesentlich schönere Platz am Desert View, direkt am Ostende des Grand Canyon, war abends um 17 Uhr natürlich schon voll. So parkten wir unser Vehicle auf dem Wüstenplatz und schauten uns in der Trading Post um. Hier gab es, wie zu erwarten, viele indianische Souveniers zu kaufen, aber die Überraschung war das Restaurant: sauber und gemütlich und von einheimischen Navajos geführt.

Dort gibt es eine indianische Spezialität zu essen, die man sich nicht entgehen lassen sollte: *Navajo Taco*, das ist Fischrogenbrot belegt mit Bohnen, Salat und Käse, dazu eine sehr scharfe Chili Sauce. Achtung: die halbe Portion bestellen (steht auf der Speisekarte), da die ganze Portion ein riesiger Berg ist, den auch der hungrigste Tourist nicht verspeisen kann. Die Sache schmeckt gut und kostet 3.75 $, aber wie gesagt, die Hälfte wäre immer noch reichlich gewesen. Leider gibt's kein Bier oder Wein, so muß man zur scharfen Cili Sauce ein Sprudelwasser trinken.

Heute ist Sonntag. Wir merken es nicht, denn für uns Urlauber ist jeder Tag ein Sonntag.

Es ist kein reiner Sonnentag, aber die kräftigen weißen Kumulus Wolken machen den Himmel interessant und versprechen schöne Fotos im *Monument Valley*, unserem heutigen Tagesziel.

Wir bewältigen die 180 Kilometer auf dem US Highway 160 in zwei Stunden und sind kurz vor Mittag in *Kayenta*, wo wir auf die 163 Nord in Richtung Mexican Hat abbiegen. Dort finden wir nach 38 km die Kreuzung Gouldings, die rechts ins Monument Valley führt und links nach Gouldings. Wir wollen zunächst Quartier machen und biegen deshalb nach links ab, wo wir nach 3 km auf der rechten Seite den Eingang zum KOA Campground „Monument Valley" sehen. Dieser in einem Canyon versteckte Platz bietet einen herrlichen Blick in das Monument Valley, denn just nach dieser Seite hin öffnen sich die Berge und begrenzen den Blick auf die Kulisse der riesigen Kegelstümpfe aus rotem Sandstein wie die Vorhänge einer Theaterbühne. Hier erleben wir dann auch am Abend ein einmaliges Schauspiel: Die Kumuluswolken hatten sich tagsüber immer mehr zusammengezogen um am Abend eine riesige schwarze Gewitterwolke zu bilden. Vor diesem schwarzen Himmel erstrahlte das Panorama der Monumente im goldenen Licht der Abendsonne, und ein Regenbogen erfüllte die Szenerie mit dem Glanz der himmlischen Beleuchtungstechnik, den all unsere modernen Spot Lights und Laser Effekte nicht zu erreichen vermögen.

Die Platzmiete beträgt 19 $, darin ist das abendliche Schauspiel natürlich inbegriffen. Der Eintritt zum Park beträgt ein Dollar pro Person und Tag und wird an einer kleinen Holzbude rechts der Zufahrtsstraße kassiert.

Wir parken am Besucherzentrum und haben von dort einen eindrucksvollen Blick auf die drei Hauptmonumente des Parks: *West Mitten Butte, East Mitten Butte* und *Merrick Butte* (von links nach rechts). Die geschäftigen Navajos bieten eine zweieinhalbstündige Jeep Rundfahrt auf dem Valley Drive an, für 15 Dollar pro Person. Dieselbe Tour kann man auch mit dem eigenen Auto machen, jedoch ist dieser „Drive" für unser sieben Meter langes Wohnmobil nicht geeignet. Die schlauen Navajos tragen dafür sorge, daß nicht zu viele Privatwagen diesen Kiesweg benutzen können. Die Jeep Tour lehnen wir ab, und so genießen wir den Blick von der 1850 m üM gelegenen Plattform des Besucherzentrums und beobachten die Autos auf dem etwa fünfzehn Meilen langen Fahrweg, der sich zwischen der Sentimental-, Thunderbird- und Spearhead Mesa hindurchwindet, über schräge Felsplatten und vorbei an den Buttes bis hin zum Totem Pole und dem entferntesten Aussichtspunkt Yei Bi Chei.

Monument Valley Navajo Tribal Park

Am Besucherzentrum vom *Monument Valley* haben wir einen eindrucksvollen Blick auf die *Buttes*.

Auf dem KOA Campground am *Monument Valley* erstrahlt das Panorama der *Buttes* im goldenen Licht der Abendsonne

**Monument Valley
Navayo Tribal Park**

Die von Schuttkegeln umgebenen Felstürme erheben sich aus der Ebene über einer einsamen Steppe die nur karg besiedelt ist. Gegen 1300 n.Chr. verließen die letzten der Ureinwohner diese Gegend, nachdem der mühsame Maisanbau und die kümmerliche Jagd sie nicht mehr ernähren konnte. Die *Anasazi* gingen für immer, niemand weiß wohin. Dann kamen die Navajos, denen noch heute das Land gehört. 1958 hat die Selbstregierung der Navajo-Reservation in Window-Rock beschlossen, dieses Gebiet als einen Tribal Park zu reservieren, um die einhundertsechzig Millionen Jahre alten Sandstein Monumente den Touristen zu erschließen und diese gigantische Landschaft der Film- und Werbeindustrie zur Verfügung zu stellen – gegen eine entsprechende Gebühr **(602) 871-6656.**

Gegen sechs Uhr abends wird der Trail geschlossen und die Navajos gehen zu ihren unsichtbaren Hogans zurück.
Die Wüste schimmert violett und die drei Buttes erheben sich majestätisch vor diesem Hintergrund, in der Abendsonne hellrot leuchtend wie die Kulissen zu den unvergesslichen Filmen von John Ford.

Monument Valley Navajo Tribal Park

In der Nordostecke von Arizona, 38 km nördlich von Kayenta am US Hwy 163
29816 ha groß, 1850 m üM
Temperatur im Juli 35 Grad
Im Sommer kurze heftige Gewitter möglich
Besucherzentrum am Parkeingang 6 km vom Hwy 163
Eintritt 1 Dollar pro Person und Tag

Camping:	*KOA „Monument Valley" in Gouldings, UT 9 km vom Parkeingang* **(801) 727-3280** *19 $ für drei Personen*
Motel:	*„Gouldings Trading Post and Lodge" Gouldings* **(801) 727-3231**
Information:	*Superintendent, P.O. Box 93, Monument Valley, UT 84536,* **(801) 727-3287**
Highlights:	*Schöne Fotos der drei Hauptmonumente vom Besucherzentrum*
	Geführte Jeep Tour oder im eigenen Wagen auf dem Valley Drive

Entfernung Grand Canyon – Monument Valley **277 km**

„Seid willkommen, doch wisset, daß dieses Land nur wenig Nahrung und Wasser bereithält. Das Leben wird nicht einfach für euch sein".

So sprach Maasaw, ein Gott aus der Vierten Welt zu den *Hopi*, als diese aus der Unterwelt in das heutige Nordarizona heraufkamen.

Die Hopi entschlossen sich zu bleiben.

Mesa Verde National Park

Und so leben sie noch heute in einer trockenen Hochlandwüste im Nordosten von Arizona, in der außer ihnen praktisch niemand zu überleben vermag. Nur ihnen gelingt es, diesem unwirtlichen Boden landwirtschaftliche Erzeugnisse, hauptsächlich Mais, abzuringen und einige Schafe zu züchten. Heute leben etwa 10 000 Hopi in zwölf Dörfern in der 250 Tausend ha großen Black Mesa, der Schwarzen Hochebene von Nordost Arizona im Zentrum des größten Indianerreservates Amerikas, dem Reservat der Navajos (6,5 Mio Hektar). Die Hopi sind hier seit etwa 1000 n. Chr. ansässig, gehören zur alten Kultur der utoaztekischen Stammesfamilie und haben mit hoher Wahrscheinlichkeit große Teile der aus ihren burgähnlichen Städten im Mesa Verde Park abgewanderten Anasazi aufgenommen. Man kann heute nicht mit Sicherheit sagen, die Hopi seien die Nachfolger der Anasazi, kein Mensch weiß jedoch, wo die Anasazi geblieben sind, seit sie Mesa Verde verlassen haben.

*

Nach dem Besuch des Monument Valley finden wir uns wieder auf dem Highway 160 East und erreichen bald die *Four Corners*, an denen die Staaten Utah, Arizona, Colorado und New Mexico zusammenstoßen. Wer die Landkarte der USA aufmerksam studiert, wird bald herausfinden, daß dies der einzige Ort ist, wo vier Bundesstaaten aneinanderstoßen. Dies ist durch eine große Steinplatte auf dem heißen Boden der Halbwüste gekennzeichnet, auf der sich die Amerikaner in patriotischer Haltung fotografieren lassen. Umrandet wird dieser „Landmark" von einem Halbkreis halboffener Buden, in denen Navajos und Hopi ihre Handarbeiten feilbieten : Sand Paintings und wunderschönen Silberschmuck.

*

Mesa Verde – die grüne Tafel!

Der *Mesa Verde National Park* wurde gegründet, um die Ruinen von hunderten von Wohnstätten zu erhalten, die prähistorische Indianer auf die Tafelberge (auf spanisch **mesa**) und in die Höhlen vieler zerklüfteter Bergschluchten gebaut hatten. Der Park hat eine Fläche von 21 073 Hektar.

Die Mesa Verde erhebt sich hoch über das umliegende Land. Indianer, die Akkerbau betrieben, bewohnten ungefähr 1300 Jahre lang die Mesa und die umliegenden Gebiete, und Archäologen haben anhand hunderter von Ruinen, die noch erhalten sind, eines der bedeutendsten Kapitel in der Geschichte des prähistorischen Amerika zusammentragen können.

Von den vielen Ruinen wurden nur einige ausgegraben. Da sie jahrhundertelang unbewohnt waren, wurden sie

DO NOT SIT
STAND OR
CLIMB ON
WALLS

Vor Wetter geschützt, aber auch vor unliebsamen Angreifern, waren die Felsenwohnungen der Indianer unter der überhängenden Felswand.

Von einer überhängenden Felswand geschützt, liegt eine ganze Stadt verborgen: *The Cliff Palace*, im *Mesa Verde National Park*.

von Naturgewalten angegriffen, und einige von ihnen wurden, bevor das Gebiet zum Nationalpark ernannt wurde, von Menschen unseres Zeitalters schwer beschädigt.

Die Mesa Verde wurde 1300 Jahre lang von Ackerbauindianern bewohnt, die kurz nach Beginn des christlichen Zeitalters nach und nach in dieses Gebiet einwanderten. Sie hatten zunächst eine primitive Kultur, doch machten sie stetige Fortschritte und erreichten um 1200 n. Chr. einen bedeutenden Stand. Besucher von Mesa Verde können Ruinen verschiedenster Art besichtigen: von den Grubenhäusern aus dem 6. Jahrhundert bis hin zu den Klippenwohnstätten aus dem 13. Jahrhundert. Die Klippenwohnstätten sind am eindrucksvollsten, doch sind die Grubenhäuser und die Dörfer auf dem Hochplateau ebenso bedeutend, da sie, in

chronologischer Ordnung gesehen, die architektonische Entwicklung von Mesa Verde zeigen.

Die ersten Indianer der Mesa Verde, die Ackerbau betrieben, werden Korbflechter genannt, da sie ausgezeichnete Körbe zu flechten verstanden. Zu dieser frühen Zeit kannten die Menschen weder Töpferei noch Häuser noch Pfeil und Bogen. In Mesa Verde wurden bisher noch keine Ruinen aus der Zeit der Korbflechter gefunden. Um das Jahr 400 n. Chr. begannen wichtige neue Entwicklungen. Die Indianer lernten Töpfe herzustellen und überdachte Wohnstätten zu bauen. Kurze Zeit später begannen sie Pfeil und Bogen zu verwenden. Die Menschen blieben dieselben, aber ihre Kultur veränderte sich.

Die frühesten Grubenhäuser wurden manchmal in den Höhlen gebaut, jedoch nach 650 n.Chr. meistens im Freien. Man hat eine große Anzahl von Grubenhäuserdörfern auf der Mesa gefunden, und Parkbesucher können zwei der Grubenhäuser besichtigen. Von ungefähr 750 n.Chr. an bauten die Indianer immer häufiger ihre Häuser in Gruppen, um somit feste Dörfer zu bilden. Sie werden *pueblo*, zu spanisch „Dorf" genannt.

Die Bezeichnung „Entwicklungsdorf" deutet darauf hin, daß während dieser Zeit viel experimentiert und weiterentwickelt wurde. Man probiere verschiedene Bauweisen für Häuserwände aus, dafür verwendete man ungebrannte Ziegelsteine oder Ziegelsteine mit Stangen, auf welche dann Steinplatten gelegt wurden, und andere Techniken, und dann schließlich richtig geschichtetes Mauerwerk. Die Häuser wurden aneinandergebaut, um geschlossene Höfe zu bilden. In diesen Höfen gibt es Grubenhäuser, die allmählich immer tiefer gebaut wurden, bis sie schließlich zu zeremoniellen Räumen wurden, die heute *Kivas* heißen.

Während des letzten Jahrhunderts dieser Epoche verließen die meisten Pueblo Indianer der Mesa Verde die Hochplateaus und bauten ihre Wohnstätten in den Höhlen, die es in den Bergschluchten in großer Zahl gibt. Es ist möglich, daß sie das taten, um Schutz vor Belästigung durch einen anderen Indianerstamm zu suchen.

Die Zeit 1100 bis 1300 n.Chr. ist der Höhepunkt der Pueblo Kultur in Mesa Verde und wird als die Große oder Klassische Pueblozeit bezeichnet. Die genaue Anzahl der Klippenwohnstätten in der Mesa Verde ist unbekannt.

Das Ende kam schnell in der Mesa Verde. Vom Jahre 1276 an herrschte eine große Dürre in diesem Gebiet, und 24 Jahre lang war der Niederschlag nicht ausreichend. Eine Quelle nach der anderen versiegte, und die Menschen kamen in große Not. Ihr einziger Ausweg war, in andere Gegenden mit zuverlässigen Wasserquellen zu ziehen. Ein Dorf nach dem anderen wurde verlassen, und noch bevor die Dürrezeit vorüber war, waren alle Indianer aus der Mesa Verde ausgezogen und kehrten nie mehr zurück. Sie zogen langsam südwärts zum Rio Grande in New Mexico und in Richtung Westen in das Land der Hopi Indianer in Arizona. Zweifellos sind unter den Vorfahren vieler Pueblo Indianer von heute die ehemaligen Bewohner der Mesa Verde zu finden.

Im Jahre 1888 wurde der *Klippenpalast (Cliff Palace)*, das *Fichtenbaumhaus (Spruce Tree House)* und das *Quadratische Turmhaus (Square Tower House)* durch zwei der ersten Cowboys, Richard Wetherill und Charles Mason entdeckt.

Diese drei Häuser und das *Balkonhaus (Balcony House)* sind heute die meistbesuchten Dwellings der Mesa Verde und liegen im Bereich der Chapin Mesa. Vom Visitor Center bei der Far View Lodge führen zwei Straßen weg, die eine nach Süden zur Chapin Mesa und eine nach Westen zur Wetherill Mesa. Da die bekannten Ruinen an der Chapin Mesa liegen, nehmen wir die Straße nach Süden und kommen bald zum Spruce Tree House in der Nähe des Museums und des Park Headquarters. Der Weg vom Parkplatz an einem Pit House vorbei, zum hochgelegenen Aussichtspunkt über den Navajo Canyon, ist nicht weit. Wenn man sich über den Rand einer Felskanzel beugt, sieht man tief unten den *Square Tower*, einen dicken quadratischen Turm, einen der größten der Mesa Verde. Kein gangbarer Weg führt herunter, nur Grifflöcher im Fels.

Das *Spruce Tree House*, am besten in der Abendsonne erlebbar, erreichen wir durch einen kleinen Canyon. Das überhängende Felsdach über dem Spruce House trägt Fichten, die dort ungewöhnlich sind, und danach hat das Haus seinen Namen erhalten. Die kleine „Stadt" ist deutlich in mehrere Höfe geteilt, jeder mit einem Kiva. Diese Kiva's sind runde Erdhöhlen, die den Priestern der Anasazi vorbehalten waren zur Ausübung ihrer Ritualen. Am Boden der Kiva befindet sich immer ein Loch, Sipapu genannt, durch das die Verbindung zu der Welt des Überirdischen hergestellt wird.

Die Anasazi waren nicht dumm: noch heute erkennt man ein gut ausgeklügel-

tes Ventilations- und Frischluftsystem für die früher abgedeckten Räume mit der jeweils zentral angelegten Feuerstelle.

Das Leben spielte sich hauptsächlich auf diesen Höfen rund um den Kiva ab. Die Räume in den dreistöckigen Häusern waren die Schlafräume, die Verbindung der Stockwerke erfolgt über Leitern.

Die nichtgeführte Besichtigung des Spruce Tree House dauert etwa 45 Minuten, der Weg ist etwa 800 Meter lang. Am Eingang gibt es ein Büchlein mit allen Erklärungen, das man am Ausgang einfach wieder ins Kästchen legt oder für 25 cent behalten kann. Die Ruine ist von 8:30 bis 16:30 Uhr geöffnet, Sonneneinfall nur am späten Abend.

Auf der Fahrt zum Cliff Palace halten wir kurz am *Square Tower House* und parken auf dem Plateau am Fewkes Canyon. Schaut man hier nichtsahnend über den Felsrand nach Westen, so glaubt man nicht, daß unter uns, von der überhängenden Felswand geschützt, eine ganze Stadt verborgen liegt – *The Cliff Palace* mit 200 Zimmern.

Wir gehen einen steilen Felspfad herunter, biegen um die Ecke und stehen wie gebannt vor dem großartigen Panorama der Felsenwohnungen: In einer zweihundert Meter langen und zwanzig Meter hohen Felsmuschel ducken sich Häuser und Türme, öffnen sich runde Kivas, und Leitern verbinden die verschiedenen Ebenen dieser sehr gut erhaltenen Ruinenstadt.

Zur Talseite fällt der Hang steil ab, es gibt keinen Weg dort herunter, der einzige Ausweg führt durch eine sehr enge

Im Prospekt vom *Mesa Verde Nationalpark* wird gezeigt, wie die Indianer im 13. Jahrhundert im *Cliff Palace* gelebt haben.

53

Felsspalte nach oben, durch die wir nach der Besichtigung des Cliff Palace auf das obere Plateau heraufkraxeln.

Die nichtgeführte Besichtigung des Cliff Palace dauert etwa 30 bis 45 Minuten, der Weg ist 800 Meter lang. Auch hier gibt es wieder das Büchlein mit Erklärungen, das man nach Gebrauch zurückgibt oder für 25 cent behalten kann. Der Cliff Palace ist von 9:00 bis 18:30 Uhr geöffnet, die Entfernung von der Far View Lodge ist 20 Autominuten.

Auf der Einbahnstraße kann man nicht anders als bei der Rückfahrt am *Balcony House* vorbeizufahren. Man sagt, daß Cliff Palace die schönste der Ruinen sei, aber Balcony House die interessanteste. Deshalb parken wir unser rollendes Hotel und schließen uns der nächsten Führung an, die halbstündlich durchgeführt werden. Eine Besichtigung ohne Führung ist nicht möglich. Da diese Führung auf 50 Personen „limitiert" ist und dieses Limit in der Hochsaison stets erreicht wird, muß man gewärtig sein, das Balkonhaus in einer großen Gruppe zu sehen – oder nicht zu sehen, denn es geht dort unten sehr eng zu. Auf felsigen Stufen geht es steil bergab bis zu einer kleinen Felsbastion, von der eine Indianerleiter wieder nach ober führt. Auf allen Vieren geht es weiter durch eine sehr enge Felsspalte bis zu dem Platz mit der großen Kiva und einem schönen Ausblick auf die gegenüberliegende Talwand, die widerum die Reste vieler Indianerbehausungen erkennen läßt. Der Ranger erklärt die Wohnstätte der Anasazi und beschreibt genau den Aufbau des Kiva. Dann gehts wieder aufwärts durch enge Felsspalten auf steilen Holzleitern, bis

das Plateau uns wiederhat. Diese Tour ist für konditionsschwache Leute nicht zu empfehlen.
Die geführte Besichtigung des Balcony House dauert eine Stunde, der etwas beschwerliche Weg ist 800 Meter lang. Die Touren beginnen alle halbe Stunde von 9:00 bis 17:00 Uhr.

Mesa Verde National Park

*In der Südwestecke von Colorado
12 km östlich von Cortez am US Hwy 160
210 qkm groß, 2600 m ü.M.
Temperaturen im Juli 30 Grad
Besucherzentrum 23 km hinter dem Parkeingang,
Eintritt 5 $ pro Auto.*

Camping:	*KOA „Mesa Verde" in Cortez,CO
12 km vom Parkeingang
(303) 565–9301
15.67 $ für drei Personen oder:*
	*Morefield Campground
(303) 529–4400
6 km innerhalb des Parks, 8 $/Platz*
Motel:	*„Far View Lodge" mitten im Park
(303) 529–4421   50 $ DZ*
Information:	*Mesa Verde Company
P.O. Box 277
Mancos, CO 81328
(303) 529–4421*
Highlights:	*Cliff Palace (200 Räume)
Spruce Tree House (114 Räume)*

*Entfernung Monument Valley – Mesa Verde **234 km***

Im Arches National Park

In Briefen an den „Hochedlen Magistrat" findet man im Berliner Stadtarchiv seine Unterschrift: Christian August Jannowitz. Dieser Jannowitz tauchte Ende des 18. Jahrhunderts, blutjung und völlig mittellos, in Preußens Metropole auf. Ein Handlungsgehilfe mit schiefgetretenen Hacken. An der Gertraudenbrücke, genauer in der Scharrenstraße, eroberte er auf Anhieb in einem Modegeschäft eine Anstellung sowie die Liebe der Inhaberin, wobei die Reihenfolge dieser Siege auch umgekehrt gewesen sein kann. Die Dame jedenfalls gab dem dynamischen, zwanzig Jahre jüngeren Draufgänger ihr sogenanntes Ja-Wort und machte ihn damit zum Geschäftsmann. Als aber die hübsche und zudem jungfräuliche Nichte der Modehändlerin aus j. w. d. anreiste, entspann sich auf der Stelle ein Dreieckskonflikt, dem die alte Dame durch edelmütigen Verzicht zum Happy End verhalf. Das junge Paar ward glücklich und vermögend und gedachte bald darauf dankbar der inzwischen verblichenen seligen Tante, die ihm einen schönen Batzen Geld hinterlassen hatte.

August Jannowitz, nunmehr Baumwollfabrikant und Kaufmann, ließ am 7. März 1822 in der Vossischen Zeitung eine „amtliche Bekanntmachung" einrücken: „Um eine bequeme Verbindung vom Wusterhausen'schen Holzmarkt der Luisenstadt mit der Stralauer

Der *Delicate Arch* im Arches National Park steht am Rande eines Canyons mit den *La Sal Mountains* im Hintergrund.

Vorstadt zu bewirken, soll eine neue Straße an die Spree geführt, und von dort aus eine große hölzerne Fahrbrücke nach der Stralauer Aufschwemme gebaut werden".

So entstand eine der bekanntesten Brücken von Berlin: die Jannowitzbrücke, die bereits ab 1. Oktober 1822 begehbar war. Der Berlin-Forscher Trinius schwärmt: „Eine der herrlichsten Brücken, welche die letzte Zeit erstehen sah, ist die Jannowitzbrücke. Vielleicht eine der regsten Verkehrsadern unserer Residenz, die Köpenick mit der City zum Alexanderplatz hin verbindet ... Eine der interessantesten Blicke auf Alt-Berlin eröffnet sich von hier aus ... Weitschattende Bäume neigen sich freundlich über das graue Bollwerk, und deutlich erkennt man die weißen Schirme der Fischhändlerinnen auf dem Fischmarkt der Fischerbrücke".

Ich mußte an die Heimat denken, an die Brücken von Berlin. Hier, wo die Natur in 100 Millionen Jahren eine Landschaft gezaubert hat mit Brücken und Bögen, Flüssen und Monolithen, die aussehen wie die großen Prachtbauten von Berlin, hier im Park der großen Natursteinbögen, im **Arches National Park**.

*

Die 285 km vom Mesa Verde Park bis zum *Arches National Park* haben wir schnell absolviert. Es ist eine Nachmittagsfahrt zunächst auf dem US Highway 666 bis Monticello, wo wir wieder auf die 163 stoßen, auf der wir schon früher von Kayenta zum Monument Valley gefahren sind, dann aber umgekehrt sind, um den Umweg über Mesa

Verde zu machen. Der direkte Weg währe vom Monument Valley auf der 163 über Mexican Hat, Bluff und Blanding nach Monticello gegangen, aber der Umweg über Mesa Verde lohnt sich und sollte nicht versäumt werden.

Von Monticello aus geht es direkt nach Norden auf dem US Hwy 163/191, vorbei an dem 1154 Meter hohen *Abajo Peak*, bis *Moab* und dort gleich hinter der Colorado Brücke in den *Arches National Park*. Dort gibt es einen schönen Campingplatz mitten im Park: *Devils Garden Campground*. Wer dort übernachten will, sollte sich jedoch gut darauf vorbereiten: Es gibt nur sehr einfache sanitäre Einrichtungen, d.h. Plumpsklo, und nur eine Wasserzapfstelle. Keine Einkaufsmöglichkeit und keine Tankstelle. Man sollte also tunlichst die Wasser- und Lebensmittelvorräte in Moab auffüllen, und nicht wie wir mit leerem Wassertank und Kühlschrank in den Park fahren.

Zur Strafe mußte ich mit allen zur Verfügung stehenden Eimern und Gefäßen in mühevoller Schweißarbeit Wasser von der Zapfstelle heranschleppen, während die beiden Damen das Wohnmobil nach den letzten Konserven durchsuchten, um ein Abendessen zu improvisieren.

Wir sind nicht verhungert oder verdurstet und haben uns am nächsten Morgen mit dem letzten Tropfen Wasser die Zähne geputzt. Dann machten wir uns auf den 10 km langen Wanderweg zu den „Sieben Bögen".

*

Wind und Wasser, Extremtemperaturen und unterirdische Bewegungen in den Salzlagerstätten sind für die bildhauerischen Felsschönheiten des Arches National Parks verantwortlich. An friedlichen Sonnentagen und unter blauem Himmel sind solche gewaltigen Kräfte, wie 100 Millionen Jahre von Sandsteinablagerungen und -Auswaschungen, die dieses größte Vorkommen von Naturbögen der Welt erschaffen hat, kaum vorstellbar. Unter den über 500 katalogisierten Bögen finden wir Größenordnungen von ein Meter weiten Öffnungen (die Mindestspannweite, um als Bogen anerkannt zu werden) bis zum *Landscape Arch*. Dieses 32 Meter hohe Felsband mißt von Sockel zu Sockel 89 Meter. Alle Entwicklungs- und Zerfallsstufen der Naturbogen Formation sind hier zu sehen. *Delicate Arch*, ein alleinstehendes Überbleibsel einer lange verwitterten Steinwand, steht am Rande eines Canyons mit den *La Sal Mountains* als schneegekrönter Hintergrund. Steile Säulen, Zacken und Sockel, die gekrönt von Gesteinsbrocken versuchen das Gleichgewicht zu bewahren, wetteifern mit den Bögen und bilden so ein spektakuläres Naturschauspiel. Frühere Entdecker glaubten, daß die riesigen Bögen und Monolithe der *Window Section* Werke einer längst vergangenen Kultur waren, vergleichbar mit Englands Stonehenge.

Arches National Park liegt in Utahs südöstlichem Rotsteingebiet. Auf einer kurzen Strecke begrenzt der Colorado River den Park. Eine Brücke des US Highway 191 verbindet den Park mit der Stadt *Moab* in Utah. 1830 durchquerten die alten Settler, die über den Old Spanish Trail kamen, in der Nähe dieser Brücke mit ihren Maultieren den Fluß. Überreste des alten Trails tragen zur historischen Faszination von „Arches" bei; ebenso die *Wolfe Ranch*, Überbleibsel einer Rinderzucht, die typisch für den alten Westen war.

Der Park liegt auf einem unterirdischen Salzbett, das eigentlich für die Entstehung der Bögen, Säulen und Balanceakte, Sandsteinwände und erodierten Monolithen, die aus dieser Gegend den Wunschtraum eines jeden Ausflüglers machen, verantwortlich ist. An manchen Stellen etliche Tausend Meter dick, wurde dieses Salzbett über dem Colorado Plateau vor ca. 300 Millionen Jahren abgelagert, als ein See die Gegend bedeckte und anschließend verdunstete. Über die vielen Millionen Jahre hinweg wurde die Salzlagerstätte mit Rückständen von Überschwemmungen, von Stürmen und den Ozeanen, die in Intervallen auftraten, langsam komprimiert. Die Erdablagerung über dem jetzigen Park kann bis zu 1.5 km tief gewesen sein.

Das unbeständige Salz unter „Arches" konnte die schwere Felsdecke nicht tragen. Unter diesem immensen Druck bewegten sich die Salzablagerungen, buchteten ein und verlagerten sich und schoben die Erde zu Kuppeln aufwärts. Ganze Teile fielen in Aushöhlungen, stellten sich an manchen Stellen hochkant, und Verwerfungen traten auf. Das Ergebnis einer solchen 860 Meter langen Umlagerung, der *Moab Fault*, ist vom Besucherzentrum aus zu sehen.

Während diese Unterbodenbewegungen des Salzes die Erde formte, legte Erosion die jüngeren Gesteinsschichten frei. Mit der Ausnahme einiger alleinstehenden Überbleibsel, bestehen die bedeutendsten Bogen-Formationen im heutigen Arches Park aus lachsfarbenem Entrada Sandstein und aus ockerfarbenem Navajo Sandstein. Diese sind wie Schichttorten über einen großen Teil des Parks verstreut. Mit der Zeit

Der *Landscape
Arch* im *Arches Na-
tional Park* ist der
längste Steinbogen
der Welt.

drang Wasser in diese auf der Oberfläche liegenden Kluften, Risse und Falten ein. Eisbildung in den Vertiefungen und das darauffolgende Abtauen, Extremtemperaturen der Wüste und der Wind trugen die losgelösten Partikel ab. Eine Reihe von alleinstehenden Steinwänden verblieb. Unter dem Einfluß der Naturelemente Wind und Wasser gab das Bindematerial nach, und große Gesteinsbrocken brachen heraus. Viele der so beschädigten Steinwände fielen zusammen, andere mit dem richtigen Härtegrad und dem nötigen Gleichgewicht überlebten ohne die fehlende Mitte. So entstanden die weltbekannten Bögen.

Den gewaltigen *Landscape Arch* und *Double O Arch* sehen wir auf dem 10 km langen Rundwanderweg, zu dem wir von *Devils Garden Trailhead* starten. Dieser liegt am Ende der 31 km langen Fahrstraße durch den Park. Da die Temperaturen im Sommer bis auf 43 Grad steigen, muß man auf diese Wanderung unbedingt ausreichend Trinkwasser mitnehmen. Der *Landscape Arch* ist mit 89 m Spannweite wahrscheinlich der längste Natursteinbogen der Welt. Er ist 32 m hoch und an seiner schmalsten Stelle nur 2 m dick.

Auf der Rückfahrt halten wir an jedem „Vista Point", um die übrigen Bögen zu sehen: *Sand Dune-* und *Broken Arch* erreicht man auf kurzen Wanderwegen. Den 12 km Abstecher durchs *Salt Valley* zu *Klondike Bluffs* können wir mit unserem rollenden Hotel nicht machen, wir würden wahrscheinlich noch heute in dem Sandweg hängen. Aber schön soll's dort sein: der majestätische *Tower Arch* und die Sandsteinformation der *Marching Men* bilden ein be-

eindruckendes Naturschauspiel. *Fiery Furnace Viewpoint* und *Salt Valley Overlook* hingegen liegen wieder direkt an der Fahrstraße und sind deshalb sehr leicht zu erreichen. Von hier gibt es im Frühjahr und Sommer täglich zweistündige geführte Wanderungen durch das phantastische Labyrinth aus rosafarbenen Sandsteinfelsen.

Der 5 km Abstecher zum *Delicate Arch Viewpoint* gehört zum Pflichtprogramm, denn der *Delicate Arch* gehört neben dem Landscape Arch zu den größten Attraktionen des Parks. Er steht in einer einzigartigen Landschaft, umgeben von Steinwänden und Slickrock-Kuppeln, im Hintergrund die Schlucht des Colorado Flusses und die schneebedeckten Gipfel der *La Sal* Berge. Eine ungeteerte aber auch für Wohnmobile passierbare Straße führt bis auf 2.4 km an den Delicate Arch heran. Vom dortigen Parkplatz aus geht ein Fußweg weiter bis zum Bogen. Man kann auch auf der Südseite der Schlucht weiterfahren bis zum *Delicate Arch Viewpoint* und hat dann von hier aus einen Blick auf den Delicate Arch in seiner großartigen Umgebung, benö-

Eine verwitterte Blockhütte, ein Rübenkeller und ein Vieh-Pferch verblieben als stumme Zeugen der *Wolfe Ranch* im *Arches Park*.

tigt aber für Großaufnahmen des Bogens ein Teleobjektiv.

Dort wo sich diese beiden Wege trennen, liegt die *Wolfe Ranch*.

John Wesley Wolfe, ein Kriegsverletzter des Zivilkrieges, ließ sich hier zusammen mit seinem Sohn Fred im Jahre 1888 nieder. Eine verwitterte Blockhütte, ein Rübenkeller und ein Vieh-

Pferch verbleiben als stumme Zeugen ihrer primitiven Ranch. Was sie von Ohio aus hierher verschlagen hat, und wie sie in dieses zerklüftete Land gefunden haben, bleibt wohl für immer ein Geheimnis. Sie konnten sich aber über 20 Jahre lang mit einer kleinen Rinderzucht ernähren. Der Besuch der Wolfe Ranch bietet eine Begegnung mit der Vergangenheit.

Vier Kilometer südwärts auf der Hauptstraße kommt eine Abzweigung nach Osten zur *Window Section* (4 km). Hier kann man vier große Bögen von der Straße aus sehen, aber den *Window Arch* sollte man unbedingt aus der Nähe ansehen. Beherzte Fotografen klettern hindurch und fotografieren ihn, nach einer kurzen Kletterpartie, von der Rückseite. Das ist weniger gefährlich als es zunächst aussieht und der Blick von hinten durch den Bogen entschädigt für die kleine Mühe.

Auch *Double-* und *Turret Arch* sind interessant sowie die *Elephantenparade (Parade of Elephants)*. Hier gibt es noch viele kleine Bögen zu sehen und es ist einfach eine Frage der zur Verfügung stehenden Zeit, wieviele Bögen man sich hier genauer ansehen möchte oder kann. Eines der eindrucksvollsten Gebilde im Park ist zwar kein Bogen, aber ein schier unglaublicher Balanceakt eines riesigen Felsbrockens auf einem schlanken Sandsteinkegel: *Balanced Rock*, gleich links hinter der Einmündung auf die Hauptstraße.

Die nächsten zehn Kilometer in Richtung Park Ausgang können wir ohne Zwischenhalt zurücklegen, sollten uns aber kurz vor dem Ausgang noch die Zeit nehmen, die riesigen Monolithe des *Courthouse Towers* anzusehen: ein Mekka für Fotografen!

Arches National Park

Im südöstlichen Utah 8 km nördlich von Moab an der US 163 und 191
29700 ha groß, 1800 m üM
Temperatur im Juli über 40 Grad,im Winter bis -20!
Besucherzentrum am Parkeingang, 8 km nördlich Moab
Eintritt 3 Dollar pro Auto für 7 Tage

Camping:	*Devils Garden Campground 28 km innerhalb des Parks. Einfache sanitäre Einrichtungen und keine Einkaufsmöglichkeit, aber sehr schön gelegen.* *5 Dollar* **(801) 259-8161**
	KOA Moab 6 km südlich von Moab an der US 191 *15.67 Dollar* **(801) 259-6682**
Motel:	*Ramada Inn, 182 South Main Street,* **(801) 259-7141** *25-50 Dollar*
Information:	*Arches National Park 125 W 200 S. Moab, UT 84532* **(801) 259-8161**
Highlights:	*Landscape Arch Delicate Arch*

Entfernung Mesa Verde - Arches Nat.Park **285 km**

Unsere Vorstellung vom antiken griechischen Theater ist stark bestimmt vom besterhaltenen Theaterbau, dem von *Epidauros*. Er wurde schon im Altertum wegen seiner Harmonie gerühmt. In vollkommener Kreisform schmiegt sich der Zuschauerraum, das „Theatron", in die Mulde des Hanges und umschließt den Tanz- und Spiel-

Bryce Canyon National Park

platz des Chores, die „Orchestra". Ein Markierungsstein auf der festgestampften Erde betont die Zentrierung: das Spiel vollzieht sich inmitten einer teilnehmenden Gemeinde. Treppenaufgänge gliedern das Halbrund des Amphitheaters in mehrere Keile. Hinter der kreisrunden Bühne liegt ein flaches Gebäude mit Türen, die Skene.

Hier wurden die Tragödien von Aischylos, Sophokles und Euripides aufgeführt.

Auch an das Theater von Delphi denken wir, das in den Hang gebettet ist wie ein Hohlspiegel, der die weite Berglandschaft in seinem Zentrum sammelt und von dort wieder in die aufsteigenden Zuschauerreihen ausstrahlt.

Und an die Arena von Verona, an Nimes oder das Collosseum in Rom. Alt sind sie, diese Arenen und Amphitheater, sehr alt (300 v. Chr.), gewaltig und ehrfurchterweckend.

Langsam kehren meine Gedanken zurück aus der alten griechischen Kultur in die Gegenwart, zu jenem sonnenerfüllten Julitag im Jahre 1988, an dem wir wie verzaubert vor dem größten,

Der *Bryce Canyon* ist ein Phantasieland aus tausend Felstürmen und Säulen, die in der Sonne schimmern wie Filigran aus einer anderen Welt.

eindrucksvollsten und ältesten Amphitheater der Welt stehen: **Bryce Canyon**.

*

Vom Arches National Park sind wir auf der Interstate 70 nach Ridgefield gefahren, das sind 340 km, und auf dem dortigen Campingplatz haben wir ausgiebig geduscht, Wäsche gewaschen und alle anderen Reste der barbarischen Übernachtung vom Vortag beseitigt. Dazu gehörte auch ein ausgiebiges Steak-Dinner. In Anbetracht der mühevollen Wasserbeschaffung in Devils Garden Campground im Arches National Park haben wir vorsorglich alle Tanks gefüllt und uns mit allen Vorräten versorgt.

So ausgestattet starteten wir am nächsten Morgen auf dem US Hwy 89 zu der 176 km langen Weiterfahrt zum *Bryce Canyon*. Die letzten Kilometer fahren wir auf der Bundesstraße 12. Die Gegend hier ist recht abwechslungsreich und es geht teilweise durch schönes Farmland, dann wieder durch die Berge und über 2700 Meter hohe Pässe.

Gegen Mittag erwischen wir einen Platz auf dem *Sunset Campground* direkt im Park. Nach einem kurzen Imbiss starten wir zu Fuß und bei schönstem Sonnenschein zu dem wohl eindrucksvollsten Erlebnis der ganzen Reise: **Bryce Canyon.**

*

Bryce ist ein Phantasieland, ein bunter Märchenwald aus rosa Kalkstein gehauen. Eigentlich ist es kein Canyon: Dem verblüfften Besucher erschließt sich von den Aussichtspunkten an der 32 km langen Asphaltstraße entlang der steilen Abbruchkante eine An-einanderreihung von zwölf Amphitheatern, jedes einzelne von unermesslicher Größe und Schönheit.

Am Visitors Center vorbei fahren wir auf den großen Parkplatz am *Sunset Point*, von dem es nur wenige Schritte bis zur Abbruchkante des Canyons sind. Noch ist alles ganz normal, der Parkplatz voller Autos, links hinter uns das hübsche Wirtshaus, alles eingebettet in einen Kiefernhain – und dann stockt uns der Atem, nachdem wir die letzten zehn Schritte bis an die schützende Holzbrüstung gemacht haben. In einem gewaltigen und doch überschaubaren Halbrund fällt die Felskante steil ab und formt einen riesigen Kessel, der sich in weiter Ferne in eine grüne Ebene verläuft.

Vorn aber, vor uns, erheben sich tausende rosarote Felstürme und Säulen, Kaskaden und Bastionen aus dem Kessel, mit weißen Hütchen oder Zwischenschichten, bizarre Gebilde aus buntem Kalk, die in der Sonne schimmern wie Filigran aus einer anderen Welt. Bryce ist ein Phantasieland – Bryce kann man nicht beschreiben, man muß es erleben. Und erleben heißt schweigen und staunen.

Der Bryce Canyon ist überschaubar, er hat menschliche Dimensionen, er ist schön, wunderbar, und nicht so dimensionslos wie der Grand Canyon.

Nachdem wir uns von diesem ersten umwerfenden Eindruck erholt haben, machen wir Pläne.

Die Fahrstraße entlang der Abbruchkante des Canyons ist 32 km lang und hat zahlreiche Aussichtspunkte und Wanderwege hinunter ins Tal.

Wir können auch hier wieder nicht alles machen und beschränken uns auf die wichtigsten Aussichtspunkte am *Bryce Amphitheater*, jenem mächtigen

Urig war der Anführer unserer kleinen Reiterschar.

nehmen. Links und rechts vom Besucherzentrum, und von dort jeweils in wenigen Minuten zu erreichen, liegen *Sunrise Point* und *Sunset Point*. Beide Stellen bieten einen großartigen Ausblick in das rosane Halbrund, der uns in der ersten Sekunde so überwältigt hatte.

Am Sunrise Point beginnt der *Queens Garden Trail*, ein schöner Wanderweg von 2,5 km Länge und nur 98 Metern Höhenunterschied, der uns hautnah an die gelb-orangenen Felsnadeln heranbringt.

Vom *Sunset Point* aus kann man 3,5 km auf dem *Navajo Trail* wandern (1,5 Std., 159 m Höhenunterschied), und vom *Bryce Point* aus kann man alle vorher besuchten Punkte sehen, besonders die rosanen *Pink Cliffs* unterhalb Fairland Point. Von Bryce Point aus starten einige beschwerliche Wanderungen, bekannt ist der *Peekaboo Loop Trail* mit 9 km Länge, drei bis vier Stunden Wanderzeit und einem Höhenunterschied von 255 Metern. Auch dieser Weg ist ohne Wasservorräte nicht zu bewältigen.

Auf dem Weg zum südlichsten Punkt der Fahrstraße, dem *Yovimpa Point*, gibt es noch zahlreiche weitere Aussichtspunkte und Wanderwege, die den vorhergehenden jedoch sehr ähneln, so daß der eilige Besucher im Bryce Amphitheater schon einen allumfassenden Eindruck bekommt.

Für den nächsten Tag haben wir uns für einen Ritt in den Canyon angemeldet. Kristin, die Reiterin; Helga, die als Kind auf ungesattelten Bauernpferden geritten ist und ich, der noch nie auf einem Pferderücken gesessen hat.

Aber pünktlich um neun Uhr starten etwa 40 Pferde und Muli's am Corral

Halbrund von 5 Kilometer Durchmesser, das dem Besucherzentrum am nächsten liegt.

An den beiden Flanken liegen die Aussichtspunkte *Fairland Point* im Norden und *Bryce Point* im Süden. Fairland Point liegt 2365 m hoch und bietet einen Einblick in den *Fairland Canyon* und auf die gegenüberliegende *Boat Mesa*. Hier beginnt auch der *Fairland Trail*, ein beschwerlicher 13 km Rundweg mit einem Höhenunterschied von 229 Metern. Man sollte 4 bis 5 Stunden einplanen und genügend Wasser mit-

beim Sunset Point zu einem zweistündigen Abenteuer in Cowboy-Sätteln, das uns noch lange in Erinnerung bleibt. Der Weg ist steil, kurvig und sehr eng, aber die trittsicheren Mulis kennen jeden Winkel und tragen ihren „Ballast" sicher durch das Tal, denn reiten konnten nur wenige.

Die eigentümliche säulenartige Struktur des Bryce Canyon erinnert an die „Klickerburgen", die wir als Kinder am nassen Sandstrand der Ostsee gebaut haben. Etwa 300 Millionen Jahre hat es gedauert, bis durch Überflutung, Ablagerung, Auffaltung und Erosion diese bizarre Landschaft entstanden ist. Die Farben der geschichteten Felsen und Türme kommen von den Ablagerungen verschieden gefärbter Eisenoxide, Hydroxide, Carbonate und Silikate, deren Farbskala von Braun über Rot, Rosa und Gelb reicht, und die Kalksedimente aus längst vergangenen Zeiten, in denen der Bryce Canyon ein großes Meer war, setzen heute vielen der Felstürme weiße Hütchen auf. Daher hat der Bryce Canyon seine Märchenhaftigkeit, seine fast unirdischen, die Phantasie herausfordernden Formen und Farben.

Der Mormonensiedler *Ebenezer Bryce* lebte hier für einige Jahre und gab dem Tal seinen Namen – Bryce Canyon.

Bryce ist ein Phantasieland, ein bunter Märchenwald aus rosa Kalkstein . . .

Der Weg durch den Bryce Canyon ist steil und eng, aber die trittsicheren Mulis tragen ihren „Reiter" sicher durch das Tal.

Bryce Canyon

In der Südwestecke von Utah
östlich von Cedar City an der US 12 (27 km).
19500 ha groß, 2750 m üM
Temperaturen im Juli 40 Grad, im Winter Schnee
Besucherzentrum gleich am Parkeingang
Eintritt 5 $/Auto

Camping:	*North Campground, direkt im Park, 8 Dollar* **(801) 834–5322**
Motel:	*Best Western Rubys Inn* *6 km zum Park* *35–50 $ EZ* **(801) 834–5341** *oder*
	Bryce Canyon Lodge, direkt im Park **(801) 834–5361** *60–80 $ EZ*
Information:	*Bryce Canyon National Park* *Bryce Canyon, UT 84717* **(801) 834–5322**
Reiten:	*Bryce Zion Trail Rides* **(801) 834–5219**
Highlights:	*Ausblick am Sunrise Point* *Reiten im Canyon*

Entfernung Arches – Bryce Canyon **515 km**

Mit zu den schönsten Wanderwegen aller Nationalparks gehört der Aufstieg zum *Angel's Landing* im *Zion National Park* (1765 m).

Nun ist es allerdings nicht jedermanns Sache, bei 40 Grad Celsius eine vier- bis fünfstündige Wanderung zu machen mit einem Höhenunterschied von 453 Metern, wobei der Weg so mühsam

Picknick im Zion National Park

ist, daß er teilweise mit Ketten abgesichert ist. Überhaupt unterscheidet sich dieser Park völlig von Bryce: Ist der Bryce Canyon von waagerecht gegliederten farbigen Schichten und senkrechten Felstürmen geprägt, so besteht der *Zion Park* aus gewaltigen rundbuckeligen und unförmigen Bergklötzen.

Wir näherten uns dem Park von Osten her auf der State Road 9, die sich mühsam durch enge Felsspalten windet, oft durch Tunnel geleitet oder vorbei an schwindelnden Abgründen. Hinter dem Zweiten Tunnel halten wir kurz an, um den *Great Arch* anzusehen, der sich weit über das Tal spannt. Dann geht es in Haarnadelkurven steil abwärts, bis wir unten im Tal auf den *Virgin River* stoßen und auf das Besucherzentrum, fünfhundert Meter südlich.

*

Wir hatten die letzte Nacht auf dem KOA Platz in *St.George* verbracht, der so dreckig und verkommen ist, daß er aus dem Verbund der KOA Plätze, die bis auf wenige Ausnahmen in ausgezeichnetem Zustand sind, ausgeschlossen werden sollte. Im benachbarten *Hurricane* haben wir aber ausgezeichnetes T-bone Steak kaufen können und wunderschönen Indianerschmuck. Das hat unseren Zorn auf den verkommenen Zeltplatz etwas gemildert.

Auf der Zufahrtsstraße SR9 zum Zion Park biegen wir bei *Rockville* ab über die Virgin River Brücke, um auf einer sehr schlechten Schotterstraße – unser Wohnmobil hat's gerade noch geschafft – zur Geisterstadt *Grafton* zu fahren (10 km). Es stehen leider nur noch zwei Häuserruinen und eine verfallene Kirche. Der mühsame Abstecher lohnt eigentlich nicht recht. Vor etlichen Jahren wurde diese *Ghost Town* noch als Kulisse für den Film „The Sundance Kid" benutzt, jetzt aber sind auch diese Kulissen verfallen. Geblieben ist der Friedhof mit der letzten Beerdigung im Jahre 1909. Ein Grabstein sagt uns, daß die zwanzigjährige Isabelle Hales nebst Angehörigen am 2. April 1866 von Indianern getötet wurde, die vermutlich nur ihr Eigentum verteidigt haben. Ein Stück tote aber doch sehr lebendige Amerikanische Geschichte.

Nachdenklich machen wir uns auf die Rückfahrt zum Zion Park.

*

Die Straßen Zions führen zu den atemberaubenden Landschaften des Parks mit ihren Schluchten und steilen Felswänden. Man kann je nach Interesse und der vorhandenen Zeit mit dem Auto oder Fahrrad fahren oder an einer geführten Tour teilnehmen.

Steile Felswände in lebhaften Farben erheben sich auf beiden Seiten des *Zion*

Canyon Scenic Drive, das ist die Hauptbesichtigungsroute durch den Zion Canyon, die durch den Grund des Canyons führt. Diese enge, tiefe Schlucht liegt im Herzen des Parks. Vor langer Zeit flößte sie den *Paiute Indianern* Angst ein, und sie weigerten sich, dort die Nacht zu verbringen. Die ersten Besucher hingegen wurden von Ehrfurcht ergriffen, unter ihnen der Methodistenpfarrer Frederick Vining Fisher, der vielen der Wände und Formationen ihren Namen gab, wie zum Beispiel „The Great White Throne", „Angels Landing" und andere.

Hier in der Geisterstadt *Grafton* wurde die zwanzigjährige Isabelle Hales am 2. April 1866 von Indianern getötet.

In der Schlucht fließt der *Virgin River* (der „jungfräuliche" Fluß). Er sieht wie ein Bach aus, hat aber die Kraft eines Stromes vom Kaliber des Colorados. Der kleine Fluß hat praktisch allein die tiefe Schlucht des Zion Canyon ausgehöhlt. Damit fing er vor über 13 Millionen Jahren an und führt die Arbeit bis heute weiter. Die Macht dieses Flusses zeigt sich besonders bei einer Sturzflut, wenn er mit wilder Gewalt Baumstämme und Felsblöcke mitreißt, als ob es sich um Zweige oder Kiesel handelt. Werke der Natur und der Menschen können am *Zion-Mt. Carmel Highway* bewundert werden. Als diese Straße 1930 fertiggestellt wurde, betrachtete man sie als ein fast unmögliches Projekt, und sie galt als Bauwunder ihrer Zeit. Sie verbindet die tiefen Regionen des Zion Canyon mit den Hochebenen im Osten und mußte daher über wildes, unwegsames Gelände gebaut werden. Zwei enge Tunnel, einer davon ist 1,8 km lang, wurden durch die Felsen getrieben, um die Straße fertigzustellen. Wenn man von der einen zur anderen Seite des Tunnels fährt, bemerkt man, daß die Landschaft sich völlig verändert. Auf der einen Seite ist der Zion Canyon mit seinen massiven Felswänden. Die Tiefe der Schlucht beeindruckt ebenso wie der „Great Arch of Zion", ein Steinbogen, der in einer steilen Felswand entstanden ist. Auf der anderen Seite des Tunnels kommt man ins Gebiet der glatten Felsen (Slickrock). Hier sieht man blendend weiße Felsen und andere in Orange und Rot in wundersamen Gebilden, in die Wind und Wetter im Laufe der Zeit Ritzen und Spalten eingegraben haben. Der Sandsteinberg, der auch als *Checkerboard Mesa* (Schachbrett Mesa) bekannt ist, gilt als das auffallendste Beispiel dieser von der Natur skulpierten Felsengebilde. Wir sehen diesen Berg bald hinter dem Tunnel und können auf einem kleinen Platz neben der Straße halten zum Fotografieren.

Zwei Straßen führen in den nordwestlichen Teil des Parks, wo Flüsse am Rande der *Kolob Terrasse* beeindruckende Schluchten ausgehöhlt haben. Die *Kolob Canyons Road* dringt bis ins Herz dieses Gebietes der roten Felsen mit den steilen *Finger Canyons* vor. Die Kolob Terrasse Road bietet einen Überblick über die weißen und lachsfarbenen Felswände der *Left and Right Forks of North Creek*. Beide Routen führen durch Kiefer und Fichtenwälder. Kiefern, Fichten und Zitterpappeln wachsen auch im Gebiet des *Lava Point.*

Es gibt im Zion Park Wege für kurze Wanderungen von 10 Minuten, aber

auch solche, für die man zwei Tage benötigt. Die meisten Wege jedoch sind recht lang und gehen steil bergauf. Die extreme Sommerhitze macht jede Wanderung schwieriger und erschöpfender. Frühmorgens, am späten Nachmittag und abends ist die beste Zeit für Wanderungen, außer wenn man im Frühjahr oder Herbst kommt, wenn es bedeutend kühler ist.

Um auf einer Wanderung zu übernachten, brauchen Sie eine kostenlos erhältliche Erlaubnis. Sie bekommen sie im Besucherzentrum. Die *Nerrows* von Zion Canyon z. B. bilden eine der beliebtesten und anstrengendsten Wanderungen des Parks. Diese Wanderung ist 26 km lang und dauert mindestens einen ganzen Tag. Über eine große Strecke watet man durch den Virgin River. Die „Nerrows" sind manchmal wegen Sturzfluten geschlossen. Für diese

Checkerboard Mesa – der Schachbrett Sandstein im Zion National Park.

Wanderung muß man sich vorher im Besucherzentrum anmelden und sich eine Genehmigung geben lassen.

Die andere „berühmte" Wanderung ist der Aufstieg zu *Angels Landing* vom Picknickplatz *Grotto*. Diese Wanderung ist, wie anfangs schon erwähnt, sehr anstrengend und mühsam und im Hochsommer bei 40 Grad nur von Leuten mit ausgezeichneter Kondition zu empfehlen. Diese werden oben dann allerdings mit einem unvergesslichen Ausblick belohnt, denn der Aufstieg endet auf der Bergspitze hoch über dem Tal des Zion Canyon.

Wir machen Picknick am *Virgin River* und erfrischen uns in den kühlen und reißenden Fluten dieses kleinen Flüßchens. Im Picknick Korb finden wir Prospekte von unserem nächsten Reiseziel: Las Vegas, in Nevada.

Wie war das doch mit der Zeitverschiebung?

Nevada ist Utah immer um eine Stunde voraus. Utah und Arizona haben zwischen Ende Oktober und Ende April dieselbe Zeit. Aber von Ende April bis Ende Oktober ist Arizona Utah um eine Stunde voraus und hat daher dieselbe Zeit wie Nevada.

Ganz einfach ...

Zion National Park.

In der südwestlichen Ecke von Utah
südlich von Cedar City
59500 ha groß
1765 m üM (1300 m üM im Canyon)
Temp. im Sommer bis 40 Grad, im Winter 4 Grad

Besucherzentrum am Südeingang, 1,5 km vor Springdale

Camping:	*Watchmann- und South Campground am Südeingang, 5 Dollar*
	Im Sommer ab Mittags keine Chance
	(801) 772–3256
	KOA St.George, dreckig und verkommen nur als Notlösung angegeben
	(801) 635–4272 *$ 14.72*
Motel:	*Zion Lodge Motel*
	nur mit Reservierung möglich
	(801) 586–7686 *$ 60 DZ*
Information:	*Zion National Park*
	Springdale, UT 84767
	(801) 772–3256
Highlights:	*Aufstieg zum Angels Landing*
	Zion – Mt.Carmel Highway

Entfernung Bryce–Zion **125 km**

Die *Pink Dunes* sollte man sehen, steht in meinem schlauen Buch.

Sie liegen im *Kanab Pink Dune State Park* südlich vom Zion Park in dem Rondell, das von der B9 im Norden und der 389 im Süden gebildet wird.

Kurz hinter der Mt. Carmel Jct. verließen wir nichtsahnend die B9, um auf einer geteerten Straße südlich dem

Irrfahrt zu den Rosa Dünen

Wegweiser „Pink Dunes" zu folgen. Das war nicht verkehrt, denn nach wenigen Meilen kamen wir tatsächlich zu den rosanen Dünen. Wir waren nicht die einzigen Besucher: Ein Pkw kam uns entgegen, der die Wunderdünen wohl gerade hinter sich hatte. Wir genossen die Ruhe und Einsamkeit, waren wir doch nahezu im Zentrum dieses weithin unbekannten State Parks, vor uns das „Naturwunder" der Pink Dunes.

Wir waren nicht sonderlich beeindruckt.

Große gelbe (rosa?) Sanddünen wie an der Ostsee. Auch im Tal des Todes gibt es sowas. Und woanders auch. Interessant wäre es gewesen, wenn man die jungen Leute hätte beobachten können, die mit ihren Buggies, den dreirädrigen Motorrädern mit riesig breiten Reifen, durch die Dünen kurven. Aber diese Leute hatten heute alle keine Zeit oder Lust. Wir blieben allein.

Allein blieben wir auch für die nächsten zwei Stunden, die wir im Pink Dune State Park verbrachten, auf der Suche nach einer befahrbaren Straße – und nach einer Tankstelle!

Obwohl der Tank fast leer war, hatte ich nämlich beschlossen, den Weg zur B9 nicht wieder zurückzufahren, sondern, da wir schon so weit in den Park vorgedrungen waren, gleich rüberzufahren zur Landstraße 389, die uns nach Kanab bringen sollte. Die Idee war gar nicht so schlecht, nur die Straße! Diese wurde immer schlechter. Bald war sie fast unbefahrbar und ich hatte Mühe, unser Schlachtschiff durch die Sandverwehungen zu steuern.

Und es nahm kein Ende. Nach jeder Biegung folgte eine andere, und zu allem Unglück standen wir plötzlich vor einer Wegegabelung ohne Wegweiser. Ich kam mir vor wie der Neger in der Wüste: der eine Weg führt zur Oase (Tankstelle), der andere ins sichere Verderben. Kein Auto weit und breit, kein Dorf, kein Rauchsignal – kein Benzin. Nur drückende Hitze, die das Thermometer auch in der Nacht nicht unter 30 Grad fallen läßt. Schöne Aussichten! Ich entschied mich für rechts. Warum weiß ich nicht. Nur stehenbleiben durften wir hier nicht. Zum Glück ging die Straße stetig leicht bergab, sodaß ich nur im Standgas fahren mußte, gerade genug, um das Fahrzeug in Bewegung zu halten und die Klimaanlage laufen zu lassen.

Und ich fuhr und fuhr . . . Noch konnte ich fahren. Alle zwei Minuten schauten meine beiden Beifahrer besorgt auf die Nadel der Benzinuhr. Sie näherte sich langsam aber stetig dem absoluten Ende. Ansteigen tat nur die Temperatur im Wagen, denn der höllischen Julisonne war auch die Klimaanlage letztlich unterlegen.

Dann kam uns nach zwei Stunden ein Auto entgegen. Ich hätte den Fahrer umarmen können, auch wenn er nicht zum Umarmen aussah.

73

Aber Auskunft gab er mir: Ja, noch ca. zwei Kilometer, dann kommen wir auf die Landstraße 389 genau zwischen Hurrican und Fredonia – und dort gibt's Benzin.

Wir erholten uns auf einem sehr schönen RV Park in St.George, tankten und fuhren am nächsten Tag auf der Interstate 15 südlich nach Las Vegas, wo wir gegen Mittag wohlbehalten ankamen.

Die Rosafarbenen Sanddünen im *Kanab Pink Dunes State Park.*

Neon City wird sie genannt, oder The City of Light, oder ganz einfach „Das Unterhaltungszentrum der Welt": *Las Vegas*.

Es ist viel über Las Vegas geschrieben worden, Gutes und weniger Gutes. Einer schreibt: „Die Stadt ist eine Ansammlung neonbunter Reklamen und normativer Langeweile. Die Spielsalons

Ein Abend in Las Vegas

enthüllen Großspurigkeit, aber auch Verlassenheit, Charakterzüge, von denen mancher glaubt, sie seien Teil des großen Erbes des Wilden Westens. Die Shows können allenfalls prüde Neuengländer oder gelangweilte Menschen aus tristen Kleinstädten in den Plains aufregen. Hier knistert keine Erotik nach Pariser Art, hier ist nicht der direkte und manchmal zu direkte Sex der Reeperbahn zu finden – hier wird eine Schau demonstriert, die allenfalls nach Geldscheinen knistert".

Vielleicht bin ich ein gelangweilter Mensch aus einer tristen Kleinstadt, aber wir waren innerhalb 14 Monaten dreimal in Las Vegas und finden, aus unserer zwar nicht tristen aber sehr kleinen Stadt in Süddeutschland kommend, diese Stadt immer wieder aufregend. Es ist töricht, Las Vegas mit Hamburg, Paris oder Hong Kong zu vergleichen. Las Vegas hat ihren eigenen Flair, genau wie Paris oder Hamburg, aber eben einen eigenen Flair, und dieses Besondere ist die trockene Hitze bei Tag und bei Nacht (die relative Luftfeuchte ist unter 5%), die Kon-

Circus Circus, Hotel und Casino am *Strip* in *Las Vegas*.

Im Unterhaltungszentrum der Welt: *Las Vegas*.

75

Bauliche Extravaganzen am Strip: Hotel-Casino „Circus-Circus"

zentration der vielen riesigen Hotelkasinos auf wenige Quadratkilometer, das überwältigende Meer von Neonlichtern, das es sonst nirgends auf der Welt gibt (auch Time Square in New York und die Ginza in Tokyo verblassen dagegen) und die glitzernden Shows in den Kasinos. Ja, es knistert nach Geld, aber wer's sich aus der Tasche ziehen läßt ist selber schuld. Es gibt viele Slot-Maschinen, die 5 Cent Stücke akzeptieren. Warum soll man sich nicht den Spaß machen, um Zeit zu spielen statt um Geld: wie lange kann ich spielen, bis zwei Dollar verspielt sind. Man zählt dann zwar zu den „grids", eben den Leuten, die nur wenig Geld einsetzen, aber wen stört's? Das Casino schluckt auch unsere kleinen Münzen und wir schlucken ihren Gin-Tonic, denn die Free Drinks werden auch den *grids* gereicht.

*

Die Geschichte der Stadt ist so bunt wie ihre Kasinos. Die ersten, die sich in der Oase niederließen, waren Mormonenhändler, die auf der Durchreise nach Kalifornien waren. Erst als 1849 eine reiche Goldader entdeckt wurde, erwachte Nevada, und die kleine Mormonensiedlung entwickelte sich zu einer Stadt.

*

Der große Aufschwung kam 1905 mit dem Bau der Eisenbahn und ein weiterer Boom, als um 1930 herum der Hoover Staudamm gebaut wurde. 1931 legalisierte der Staat Nevada das Glücksspiel, und seit dieser Zeit entwickelte sich die Bretterbudenstadt zu der größten und glitzernsten Amüsierstätte der Welt. Die Spielkasinos stehen in zwei Stadtteilen: am berühmten *Las Vegas Strip* und im eigentlichen Stadtzentrum an der *Fermont Street*. Als *Strip* bezeichnet man den Las Vegas Boulevard South zwischen *Sahara* Hotel und *Hacienda* Hotel in der Nähe des Flughafens. Hier glitzern und flimmern die Neonlichter der großen Kasinos Tag und Nacht, und in übergroßen Schriftzügen werden die Namen der Weltstars genannt, die allabendlich auftreten: Paul Anka und Harry Belafonte im *Golden Nugget*, Frank Sinatra im

76

Four Queens, Dean Martin und Jerry Lewis im *Bally's* ,Siegfried & Roy im *Frontier,* Engelbert Humperdinck im *Las Vegas Hilton* (alle im Sommer 1988) und viele andere. Karten bekommt man am besten im Hotel selbst, mit der größten Sicherheit als Hausgast, denn für diese sind immer ein paar Karten reserviert. Aber auch als Wohnmobil-Touristen hatten wir keine Schwierigkeiten, Karten in dem entsprechenden Kasino zu bekommen.

Man hat die Auswahl zwischen Dinner Show mit Abendessen, und Cocktailshow, bei der zwei Drinks im Preis enthalten sind. Die Eintrittspreise liegen bei 40 Dollar, wobei es jedoch in der Hand des Platzanweisers liegt, ob man gut plaziert wird oder einen schlechten Eckplatz bekommt. Das entscheidet sich gleich beim Eintritt wenn man diesem Menschen statt eines 20 $-Scheins nur fünf Dollar in die Hand drückt – oder gar überhaupt nichts.

Wir kannten die bedeutungsvollen Positionen dieser Leute nicht und landeten, obgleich wir uns sehr früh am Eingang eingefunden hatten, prompt im zweiten Glied.

Trotzdem sahen wir hier in Las Vegas einige sehr spritzige Vorstellungen, z.B. „Splash" 1988 im *Riviera* und „Folies Bergère" 1987 im *Tropicana.*

Seit jeher ist es in Las Vegas üblich, das Publikum mit guten und preiswerten Buffets in die Kasinos zu locken. Das Steak-und-Ei-Frühstück für 99 cent, Brunch für 2,49, Dinner für 3,69 oder Frühstücksbuffet für 2,29, wie auf der riesigen Tafel des *Circus Circus Hotel Casino* zu lesen ist. Viel Geld wird man jedoch los, wenn man in den *Gourmet Room* der Kasinos geht. Das sind hervorragend ausgestattete Speiseräume mit excellenten Speisen, excellenter Bedienung und excellenten Preisen.

Glitter Gulch, die Dame mit Cowboy Hut und Stiefeln auf dem Dach des Golden Nugget, ist eines der Wahrzeichen von Las Vegas. Glitter Gulch war früher der Name für den inneren Stadtbereich von Las Vegas. Heute ist es eine von vielen tausend Leuchtreklamen, die täglich ungeheure Summen von Stromgeldern verschlingen. Ein einziger großer Kasino Komplex hat in einem Monat eine Stromrechnung von 350 Tausend Dollar, ein durchschnittliches Hotel hat eine tägliche Stromrechnung von 5000 Dollar, aber es kommt auch genug Geld herein: Die Einnahmen des Staates Nevada aus Glücksspielen beliefen sich 1982 auf hübsche 2,6 Milliarden Dollar.

Und noch etwas Besonderes gibt es in Las Vegas: Die *Wedding Chappels,* Hochzeitskapellen. Dort kann man sich rund um die Uhr standesamtlich trauen lassen, das geht ruckzuck, und schon ist der häßlichste Vogel unter der Haube.

Als Howard Hughes 1970 das Zeitliche segnete, besaß er nicht nur die Kasino-Hotels *Sands, Desert Inn, Castaways, Silver Slipper, Frontier* und *Landmark,* sondern auch noch einen Country Club, einen Fernsehsender, einen Flugplatz, eine Ranch, Schürfrechte und eine Reihe von Grundstücken. Dieser ungeheure Hughes Besitz gehört heute zur Summa Corporation. Die Übernahme der Kasinos durch den Hughes Konzern war ein wichtiger Einschnitt in die Geschichte der Stadt. Die ersten Unternehmer, die 1946 in Las Vegas investierten, waren Individualisten, wagemutige Kaufleute, alles andere als perfekte Organisatoren. *Howard Hughes* dagegen übertrug das Management der Kasinos den „Burschen von der Ostküste in den dreiteiligen Anzügen", die den Aufschwung zur „Unterhaltungszentrale der Welt" planten, organisierten und zum Erfolg brachten.

Las Vegas

In der Südostecke von Nevada an der Interstate 15
183.000 Einwohner, jährlich 12 Mio Besucher
725 m üM
Temperatur im Juli über 45 Grad C

Camping:	*Las Vegas KOA* *4315 Boulder Hwy* **(702) 451–5527** *24 $ für drei Personen*
Motel:	*Lady Luck Casino & Hotel* *206 North 3rd Street* **(702) 384–4680**, *30–40 $*
	Circus Circus Hotel *Las Vegas Blv* **(702)-734–0410** *17–39 $*
Information:	*Las Vegas Convention and* *Vis. Center* *3150 Paradise Rd.* **(702) 733–2323**
Highlights:	*The Strip* *Casino Show*

Entfernung Zion–Las Vegas **219 km**

Ein Abend in Las Vegas

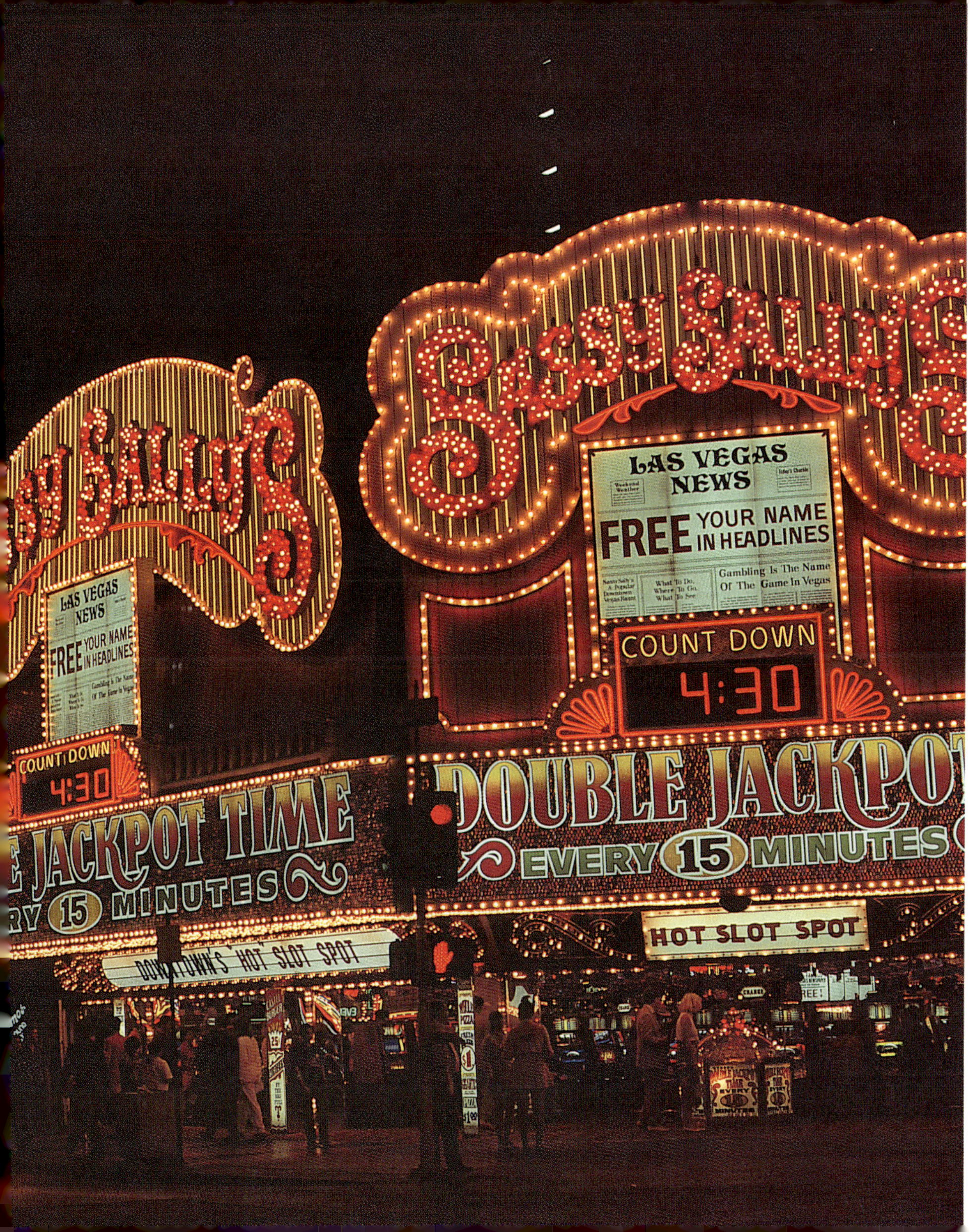

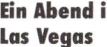

Das Spielkasino Sassy Sally's im hellen Licht der Leuchtreklamen.

Der Ansturm auf die Kalifornischen Goldfelder im Jahre 1849 führte Tausende durch die großen Wüstengebiete westlich der Rocky Mountains. Mehr als 350 Goldsucher erreichten mit ihren 107 Wagen die Stadt Salt Lake City zu spät, um noch den Übergang über die verschneiten Pässe der Sierra Nevada auf der Standardroute nach Kali-

Im Tal des Todes

fornien zu wagen. Der Mormonenkundschafter Captain Jefferson Hunt wollte sie auf der alten spanischen Route nach dem südwestlichen San Bernardino führen. Die Reise war mühsam und äußerst langsam. Als daher Captain Wesley Smith eine Karte mit einer angeblichen Abkürzung nach Westen über den Walker Pass vorzeigte, waren alle Wagen mit Ausnahme von sieben dafür, diesen Weg einzuschlagen. Die meisten waren sich ihrer Fehlentscheidung bald bewußt und schlossen sich wieder Captain Hunt an bzw. folgten seinen Spuren sicher nach San Bernardino.

Ungefähr 100 Leute mit 25 Wagen zogen genau nach Westen weiter. Ihre strapaziöse Reise ist zur Legende geworden. Sie wurden die Entdecker des *Tal des Todes*.

Diese Gruppe der „Fourty Niners", wie man sie heute nennt, überquerten die Salzniederungen des Todestales Ende Dezember 1849 und bogen nach Süden ab, um an den *Panamint* Bergen entlang weiterzuziehen.

Als es ihnen nicht gelang, ihre Wagen über die Berge zu bringen, machten sie an einem Wasserloch Halt und schickten zwei junge Männer voraus, die eine

sichere Route auskundschaften sollten. Aus Angst, in dieser verlassenen und öden Gegend zu viel Zeit zu verlieren, zogen einige Leute auf eigene Faust los, kletterten über die Panamint Berge oder fanden einen Ausgang an der Südseite des Tals.

Captain Culverwell machte sich auch nach Süden auf, kehrte um und starb in der Wüste – das einzige Todesopfer der Fourty-Niners.

Anfang Januar 1850 ließen William Lewis Mauly und John Rogers die Familien Bennett und Arcan an den *Tule Springs* Quellen zurück und zogen los, um einen Weg in die Sicherheit auszukundschaften und Proviant zurückzubringen. 26 Tage später, nach einer Strecke von 960 Kilometern unter unglaublichen Strapazen, kehrten sie zum Lager zurück. Mauly und Rogers führten die Bennetts und Arcans durch die Majove-Wüste ins üppige Gebiet von San Francisco Rancho, 48 km von Los Angeles entfernt. Vorher jedoch, beim Überschreiten des Panamint Kammes, schaute die Gruppe zurück in das öde Talbecken und einer sagte „Adieu, Todestal". So erhielt das Tal seinen Namen,

Death Valley – das Tal des Todes.

*

Von Las Vegas aus kann man nicht nach Norden fahren, denn dort liegen die Cheep Range Mountains mit dem immerhin 2963 Meter hohen *Cheep Peak*. Deshalb verlässt man Las Vegas nach Nord-Osten auf der Interstate 15, das ist die Autobahn, auf der wir vom Zion Park heruntergekommen waren, oder man fährt nach Nord-West auf dem US Highway 95 in Richtung *Reno*. Das war unsere Richtung, und gleich

Mit dem Wohnmobil am Tal des Todes.

wir noch vor der großen Mittagshitze schaffen.

Also fuhren wir auf der US 95 bis *Amargosa Valley* und von dort südlich auf der SR 127 bis *Death Valley Junction*. Aber weder dort noch woanders gibt es einen Campingplatz. Die Temperaturen waren schon wieder recht beachtlich und die Ortschaften in diesem Backofen sind auch nicht gerade sehr ermunternd. Es gibt jeweils nur ein klägliches Häuflein einfacher Holzhäuser, eines davon trägt immer den hochstaplerischen Namen „Saloon".

Wenn man in die Wüste fährt, sollte man dieses stets mit gefüllten Tanks und genügend Wasservorräten tun. Wir waren diesmal gut versorgt, hätten aber gern einen Campingplatz mit Stromanschluß gefunden, denn ohne Klimaanlage wäre die Nacht sicher zu einer Qual geworden.

Ich wälzte alle schlauen Bücher, fand aber nur einen einzigen Hinweis für einen Campingplatz in einem Ort namens *Hot Springs*. Irgendwo mußten wir abbiegen von der 127, auf einer Schotterstraße ging's dann in die totale Wüste. Kein Mensch kann hier wohnen und es ist ausgeschlossen, daß es hier einen Wohnort für Menschen gibt.
Es gibt ihn!
Wir sahen vor uns plötzlich eine winzig kleine strahlend weiße Holzkirche. Ringsherum einige verfallene Holzhütten, sonst nichts. Kein Mensch, kein Tier, nur flimmernde Hitze, Autowracks und einige *Joshua Trees,* jene mannshohen Gebilde, von denen man nicht weiß, ob es Kakteen oder Palmen sein sollen. Natürlich gab's auch keinen RV Park in dieser Geisterstadt. Ratlos fuhren wir die einzige Straße die es gab rauf und runter. Dann traute ich mei-

am Stadtrand beginnt wieder die Wüste. Hier am Stadtrand bot sich uns ein großartiges Schauspiel: In der Wüste vor den Kulissen der Cheep Ranch Berge starteten etwa 100 Heißluftballons. Einige schwebten schon über uns, andere waren noch mit dem Start beschäftigt. Deutlich hörten wir über uns das Zünden der Gasflammen. Leider war es leicht dunstig, so daß ich nicht meine „Traumfotos" machen konnte, aber diese Anballung von Heißluftballons war schon ein einmaliges Erlebnis. Dieses Schauspiel hielt uns einige Zeit auf, und wir beschlossen, möglichst dicht ans Tal des Todes heranzufahren, dort zu übernachten und dann am frühen Morgen ins Tal zu starten, denn die Fahrt ins *Death Valley* erlaubt der Wohnmobil-Verleiher in den heißen Sommermonaten nicht. Bei der höllischen Hitze ist schon so mancher Motor verreckt. Wer die Fahrt trotzdem wagt, muß im Schadensfall natürlich alle Kosten selbst tragen, und das kann bei einem Wohnmobil sehr teuer werden. Wie man's auch anstellt, man kann das Tal nur über einen steilen Pass verlassen, und dieses wollten

nen Augen nicht: Im Rückspiegel sah ich ein Auto kommen! Darin saß wie eine Fata Morgana eine bildhübsche junge Frau, gut gekleidet, nett frisiert, und lächelte mir beim Näherkommen freundlich zu.

Ich befragte die Fata Morgana und sie erklärte uns fröhlich, ja, der RV Platz sei down town, wir sollten nur an der Wegegabelung rechts fahren, dann kämen wir dorthin. Und übrigens gäbe es zwei Campingplätze dort! Der rettende Engel winkte uns noch einmal zu, verschwand dann schnell wie er aufgetaucht war, eine riesige Staubwolke hinterlassend, und wir standen wieder in der Geisterstadt, jetzt aber hoffnungsvoll dem Campingplatz zustrebend. Wir fanden rechts und links des Weges je einen freien Platz, jeweils mit einer Bretterbude versehen mit der Aufschrift „Office". Die Campingplätze von *Hot Springs*. Kein Mensch, kein Tier, kein Baum – und kein Wohnmobil. Nur Wüste und die Andeutung von Stellplätzen. Aber zu unserem Erstaunen mit allen notwendigen Anschlüssen wie Wasser, Abwasser und Strom. Natürlich waren Strom und Wasser abgestellt. Dann hätten wir auch auf einem Rastplatz an der Hauptstraße oder auf dem Marktplatz von Death Valley Junction bleiben können. Ich probierte es trotzdem auf dem gegenüberliegenden Platz. Und siehe da: hier sprudelte das Wasser aus der Leitung und Strom gab's auch.

Wir bedienten uns und parkten unser RV in gehörigem Abstand von zwei stationären, vergammelten alten Wohnwagen. Wir waren froh über den Stromanschluß für die Klimaanlage, denn das Thermometer war inzwischen auf 48 Grad C angestiegen.

Ehrlich: uns allen war nicht ganz wohl.

Heißluftballons bei *Las Vegas* vor den Kulissen der *Cheep Ranch* Berge.

Wir standen mitten in der Wüste, weitab von jeder Zivilisation, in gleißender Sonne zwischen zwei vergammelten Wohnwagen, von denen zumindest einer bewohnt war, denn später am Abend ging dort Licht an. Aber niemand war zu sehen, und die Stille auf dem Platz war erschreckend. Waren es Räuber oder Landstreicher die dort wohnten oder gar Mörder, die sich vor dem Gesetz verborgen halten müssen? An dem fest verschlossenen „Office" hingen Suchplakate „Murderer Wanted". Einer hatte ein kleines Kind erschlagen.

Ich legte für alle Fälle meine starke Taschenlampe und mein Klappmesser mit stehender Klinge griffbereit an mein Kopfkissen. Unbehelligt (von wem auch?) grillten wir unser Steak und legten uns rechtzeitig schlafen, da für den nächsten Morgen um vier Uhr der Wekker gestellt war.

Kurz vor fünf machten wir die Leinen los um rechtzeitig im Tal des Todes zu sein. Ich klemmte drei Dollar in eine Ritze des Office, und mit dem ersten Lichtschein am Horizont brachen wir auf. Immer noch brannte das Licht in dem Geisterwagen.

Adieu Hot Springs – eine offensichtlich doch bewohnte Geisterstadt.

＊

Kurz nach sechs Uhr morgens waren wir im Death Valley und es war noch angenehm kühl, nur 25 Grad im Schatten. Angesichts des Verbotes des Wohnwagenverleihers, das wir gerade mißachtet hatten, beeilten wir uns, die wichtigsten Punkte zu sehen: Dantes View, Zabriskie Point und Furnace Creek Ranch, und noch vor der Mittagspause verließen wir das Tal west-

wärts über den 1652 Meter hohen Towne Pass. Mir war mulmig, denn wenn mir hier etwas mit dem Auto passiert wäre, säße ich ganz schön in der Tinte. Unser Auto schaffte den Pass auch nur unter stöhnen und ächzen im zweiten Gang. Die Fahrt wurde immer langsamer, und der Motor begann unangenehm zu riechen. Etliche Autos standen mit kochendem Kühler am Straßenrand, viele verrecken in dieser mörderischen Hitze. Hinzu kommt, daß der Amerikaner nicht gern auf seine geliebte Klimaanlage verzichtet, besonders wenn er sie am nötigsten braucht. Wir haben es vorgezogen zu schwitzen und haben die Klimaanlage nur bei den kurzen Gefällestrecken eingeschaltet. Trotzdem waren wir froh, als die Passhöhe erreicht war.

Später besuchten wir das Death Valley im eigenen Pkw und konnten uns deshalb frei und ungezwungen im Tal aufhalten. Ich würde auch Ihnen vorschlagen, das Wohnmobil in Lone Pine oder in Beatty abzustellen und das Todestal von dort aus mit einem Miet-Pkw zu besuchen. Ich möchte von diesen Reisen berichten.

＊

Death Valley Junction ist eine Geisterstadt. Ein paar leere Häuser, eine kaputte Tankstelle und ein längst geschlossenes Hotel. Aber es gibt ein Opernhaus, *The Amargosa Opera*. Die (angeblich) international bekannte Pantomimin Marta Bechet gibt hier während der Saison dreimal wöchentlich Vorstellungen, die man mit dem Bus von Furnace Creek aus besuchen kann. 18 Dollar pro Person.

29 km nach der Abzweigung der State Road 190 bei Death Valley Junction be-

ginnt das *Death Valley.* Die Einfahrt ins Tal von Osten über die SR 190 ist die einzige, die nicht über einen Pass geht. Gleich hier am Eingang sollte man den Abstecher nach Süden machen zu *Dantes View.* Von hieraus schaut man weit ins Tal herunter, das vor 25 Tausend Jahren vom Mauly See bedeckt war. Dieser war 187 km lang und 183 m tief. Der See trocknete aus, und zurück blieb eine riesige Salzpfanne, deren silbrige Oberfläche wir im Morgenlicht glitzern sahen. Dieser Salzsee liegt 86 Meter unter dem Meeresspiegel und ist damit der tiefste Punkt der Vereinigten Staaten. Auf der gegenüberliegenden Seite erhebt sich der nur im Hochsommer schneefreie *Telescope Peak,* mit 3368 m die höchste Erhebung des National Monuments. Und weit dahinter sehen wir die schneebedeckten Berge der *Sierra Nevada* und vielleicht den *Mt.Whitney,* mit 4831 Metern der höchste Berg der USA.

Auch die anderen Seiten des Tales sind von hohen Bergketten gesäumt: Im Osten sind es die *Black Mountains* mit 1600 bis 1800 m hohen Bergen, im Nordosten das *Amargosa Gebirge,* 1540 bis 2663 m hoch, und im Nordwesten das *Panamint Ranch Gebirge,* 2700 bis 3368 Meter hoch.

In diesem engen und tiefen Tal heizt sich die Luft durch die Zirkulation ständig auf: Da es im Tal keine Pflanzen gibt, gibt es keinen Schatten und keine Kühlung. Der Talboden strahlt die Sonnenhitze ab und erwärmt die Luft. Diese warme Luft steigt nach oben und läßt die etwas kältere Luft nach unten, die sich dort weiter aufheizt, und dieser Prozeß läuft den ganzen Tag bis sich kurz vor Sonnenuntergang die Luft auf über 50 Grad C aufgeheizt hat. An keinem Ort der Erde wird es heißer als im Tal des Todes. Dazu kommt die enorm niedrige Luftfeuchte. Die jährliche Niederschlagsmenge ist 4,2 cm (New York hat 120 cm). Die hohen Bergketten der Sierra Nevada und dann des Argus- und Panamint Gebirges ziehen fast die gesamte Feuchtigkeit aus den von Westen wehenden Winden. Dadurch ist die Luftfeuchtigkeit im Sommer oft unter 1%.

Und doch gibt es Wasser im Tal! Es fließt unterirdisch ab und wird z.B. bei der Furnace Creek Ranch zum Bewässern der ganzen Oase verwendet.

Das Tal des Todes könnte man auch das „Tal der Extreme" nennen. Die höchste Temperatur der Erde (56 Grad C), die geringste Luftfeuchte (1%), die tiefste Stelle Amerikas (86 m **u**M), umrandet von hohen Bergen (3368 m). Und das alles sieht und erlebt man gleich auf dem ersten Aussichtspunkt in einer Höhe von 1669 Metern. Die glitzernde Oberfläche des ausgetrockneten Salzsees sehen wir später noch aus nächster Nähe.

Zunächst jedoch laufen wir wieder zu unserem Auto zurück und fahren die 21 km auf der schmalen, kurvenreichen Straße zurück zur Hauptstraße, in die wir nach links einbiegen. Hier müssen wir nach 13 Kilometern auf eine Hinweistafel achten, die nach links zum *Zabriskie Point* weist. Dieses ist der schönste Ausblick im Tal auf ein gelbgoldenes Meer von abgerundeten Felsen. Diese farbenprächtigen Felsen wurden vor 10 Millionen Jahren in einem See als borsaure Salze abgelagert und kristallisierten später aus zu Colemanit, einem Boraxerz.

Von dieser totalen Steinwüste kommen wir dann 5 km talwärts überraschenderweise an eine grüne, blühende Oase, die *Furnace Creek Ranch* mit Motel,

Zabriskie Point, der schönste Ausblick im *Tal des Todes*.

Scottys Castle, das spanisch-maurische Wüstenschloß im *Tal des Todes*.

Mitten in der Steinwüste des Death Valley liegt das Furnace Creek Inn.

Campingplatz, Tankstelle, Besucherzentrum und Restaurant. Auf der gegenüberliegenden Seite findet man am Hang das *Furnace Creek Inn,* eines der vornehmsten und teuersten Restaurants der USA.

Wir machen eine kurze Wanderung zu den *Harmony Borax Works,* den ehemaligen *Borax* Werken von W. T. Coleman. Gewaltige Lastkarren, die von den legendären „Zwanzig Maultieren" gezogen wurden, beförderten das Borax aus dem Tal zur Eisenbahn nach *Majove.* Die Strecke – 270 km Wüste; die Ladung – 33 Tonnen Boraxerz; die Transportdauer – 10 Tage ein Weg. Die Harmony Werke schlossen ihre Tore 1890, aber der Borax Abbau in den Bergen ging noch viele Jahre weiter.

Wer, wie wir, im Tal keine Übernachtungsmöglichkeit findet oder, wie wir, die 250 Dollar pro Doppelzimmer im Furnace Creek Inn nicht ausgeben will, fährt am besten die 35 Minuten über den 1316 m hohen *Daylight Pass* auf der SR 374 nach *Beatty,* dort fanden wir auf Anhieb ein Motel und ein gutes Steak-Restaurant und Kasino. Beatty liegt bereits in Nevada.

Am nächsten Morgen fahren wir wieder zurück ins Tal, machen aber kurz hinter Beatty einen kurzen Abstecher zur Geisterstadt *Rhyolite.* Einige verfallene Häuser erinnern an die Zeit der „Hochkonjunktur" der Borax Gewinnung im Todestal. Dann nehmen wir die Abkürzung durch den *Titus Canyon,* dies ist eine nur im Sommer offene, schlechte Straße, die mit dem Wohnmobil besser nicht befahren wird. Mit unserem kleinen Datsun ist es jedoch kein Problem, und so sehen wir eine zweite Ghost Town: *Leadfield.*

In den Sanddünen im *Tal des Todes.*

Devils Golf Course, des Teufels Golfplatz, ist eine riesige Kochsalzfläche im *Tal des Todes.*

Durch den sehr engen und malerischen Titus Canyon kommen wir wieder auf die SR 190, der wir in nördlicher Richtung folgen. Nach knapp 35 km sind wir am Nordende des Tales und besichtigen dort *Scottys Castle*. Dieses spanisch-maurische Wüstenschloß wurde von Albert Johnson erbaut, einem pensionierten Millionär, der Reichtum, Zufriedenheit und Spaß suchte. Warum er dieses gerade im Tal des Todes fand, vermag niemand zu sagen, aber er baute zusammen mit seinem Faktotum „Todestal Scotty" dieses Schloß. Scotty war ein Unikum, ein Geschichtenerzähler, Spaßmacher und Lebenskünstler. Der millionenteure Koloss des Schlosses, der nie fertig wurde, wurde mit den prächtigsten Möbeln ausgestattet. Viele davon kamen aus Südeuropa, vor allem aus Spanien.

Vor seinem Tod im Jahre 1948 vermachte Johnson sein anspruchsvolles Spielzeug einer karitativen Gesellschaft, die es zu einer Touristenattraktion umwandelte. Scotty wohnte weiterhin auf dem Schloß und erzählte phantastische Geschichten, bis zu seinem Tode 1954.
Im Jahre 1971 kaufte der National Park Service Scottys Castle.

Nach einem kleinen Imbiss im Selbstbedienungsrestaurant fahren wir die 5 km zurück bis zur Wegegabelung und biegen dort aber ab nach Westen in Richtung *Ubehebe Crater* (8,3 km). Dort steigen wir auf schwarzer Lava zum Rande des Kraters auf und haben einen schönen Rundblick über die „schwarze Erde" dieser Kraterlandschaft. Tief unten im Krater sehen wir einige Wanderer, die den mühevollen Ab- und Aufstieg nicht gescheut haben.

Auf der SR 190 fahren wir dann wieder südwärts bis kurz vor die Kreuzung mit der 374. Dort weist ein Schild nach rechts zu den *Sand Dunes*, diese sollte man unbedingt besichtigen: Mitten im Tal, auf Meeresniveau, gibt es hier riesige schneeweiße Sanddünen, die an unsere alte Heimat an der Ostsee erinnern.
Wir haben noch etwas Zeit und fahren deshalb über die Kreuzung hinweg südlich, vorbei an der Furnace Creek Ranch, um dann gleich rechts abzubiegen zum *Badwater* Parkplatz. (27 km). Hier befinden wir uns 86 Meter unter dem Meeresspiegel und 1755 Meter unterhalb von Dantes View an dem von dort aus gesehenen Salzsee.
Badwater ist eine Salzlache, die auch im Sommer nicht ganz austrocknet, und dieses soll der heißeste Ort der Welt sein mit 58 Grad C!
Ein kleines Stück nördlich liegt *Devils Golf Course*, des Teufels Golfplatz. Dies ist eine riesige Fläche aus 95% reinem Kochsalz, vermischt mit Sandablagerungen. Diese Schicht ist 300 Meter tief, aber die Oberfläche ist gebildet von spitzen Salzgebilden, die sich aus der verdunstenden Salzlauge wie kleine Minigebirge aufgetürmt haben. Nicht hoch, vielleicht 10 bis 20 cm, aber peitschender Regen hat sie messerscharf geschliffen, und es wäre keine Freude, wenn wir diese Ebene durchwandern sollten.

Wir kehren zurück auf die Hauptstraße und nehmen die 374, diesmal nicht nach Osten, sondern nach Westen in Richtung *Lone Pine*. Wir halten in *Stovepipe Wells Village*, einer kleinen Ansammlung von Häusern mit General Store und einem sehr gemütlichen Saloon, wo wir einen Kaffee trinken.

Dann quälen wir unseren halb kochenden Motor über den 1652 Meter hohen *Towne Pass*. Am Wegrand stehen Wassertonnen für den Fall, das Wasser des Kühlers würde verdampfen, und Schilder mahnen „low gear", kleinen Gang. Die Hitze ist erdrückend, und die steilen Serpentinen nehmen kein Ende. Erneut mahnen uns Schilder „NO A/C", keine Klimaanlage im Wagen benutzen, denn die ohnehin schon überlasteten Motoren würden auf diese zusätzliche Belastung sauer reagieren. So schwitzen wir weiter und schalten die Klimaanlage nur bei den kurzen Gefällstrecken ein, dankbar für die kurze Erfrischung. Auf der Passhöhe atmen wir auf, loben unser Fahrzeug wie ein Pferd nach einem gelungenen Sprung und fahren dann noch bis *Lone Pine*, wo wir im *Lone Pine Trails Motel* (27 $) absteigen und uns bei wieder normalen Temperaturen erholen im Schatten der Sierra Nevada, vor uns die schneebedeckte Spitze des Mount Whitney, des höchsten Berges der USA, außerhalb von Alaska.

Death Valley National Monument

220 km nordwestlich von Las Vegas, in Kalifornien.
780.000 ha groß, 86 m unter Meeresspiegel
Höchste Sommertemp. der Welt, bis 56,6 Grad
Besucherzentrum bei der Furnace Creek Ranch an der
SR 190, 30 km von Death Valley Junction
(619) 786 – 2331

Camping:	*Furnace Creek Ranch*
	(619) 786 – 2345
Motel:	*Furnace Creek Ranch*
	(619) 786 – 2345 *55 – 80 $*
	Furnace Creek Inn
	(619) 786 – 2345 *150 – 250 $*
	Burro Motor Inn
	Beatty Nevada (ca 35 Minuten)
	(702) 553 – 2225 *30 $*
Information:	*Death Valley Visitors Center*
	Death Valley, CA 92328
	(619) 786 – 2331
Highlights:	*Zabriskie Point*
	Furnace Creek Ranch
	Scottys Castle

Entfernung Las Vegas – Death Valley **219 km**
Fahrt durch Death Valley bis Lone Pine **530 km**

Was man in *Lone Pine* machen könne, fragten wir die nette Dame im Visitors Center am Hwy 14. Das käme drauf an, wofür wir uns interessieren würden, konterte sie und gab zu bedenken, daß wir von dem 2000 Seelen Städtchen nicht zu viel erwarten dürften. Man lebe von der Landschaft, und die Besucher führen ins Death Valley oder

Wanderung in der Sierra Nevada

würden in die Berge gehen. Letzteren Vorschlag nahmen wir begeistert auf, ließen uns eine Wanderkarte geben und starteten wenig später zu einer Bergtour in die *Sierra Nevada*.

Lone Pine

340 km nördlich von Los Angeles am Hwy 14
2000 Einwohner
1240 m üM
Besucherzentrum am Hwy 14 **(619) 876-4444**

Camping: *Lone Pine Campground, Portal Rd.*

Motel: *Lone Pine Trail Motel*
                   (619) 876-5555   *(27 $)*
                   Best Western Frontier Motel
                   (619) 876-5571   *(40 $)*

Highlights: *Wanderung zum Lone Pine Lake*

Entfernung vom Death Valley **144 km**

Lone Pine liegt genau am Fuße des 4831 Meter hohen *Mt.Whitney*. Das Vorgebirge sind die *Alabama Mountains*, und dort gibt es von Lone Pine aus einige schöne Wanderwege. Der Ort liegt auf einer Höhe von 1240 Metern, und die Anfahrtstraße zum Ausgangspunkt der Wanderung ist leicht zu finden: bei der einzigen Ampel des Ortes biegen wir links ab in die Whitney Portal Road, der wir bis zum Ende folgen. In schönen Serpentinen geht es 21 km lang sehr steil bergauf bis zur *Whitney Portal Parking and Picknick Area* auf einer Höhe von 2790 Metern. Es ist hier am Vormittag recht frisch, und gerade der mörderischen Hitze des Death Valley entkommen, ziehen wir alle Jacken und Pullover, die wir im Auto haben, übereinander und beginnen mit dem Aufstieg.
Der Weg ist ausreichend gut markiert, geht steil bergauf, benötigt aber keine bergsteigerische Erfahrung. Trotz der Höhe von über 3000 Metern sind wir noch nicht über der Baumgrenze, und das Tagesziel ist der malerisch gelegene *Lone Pine Lake*. Immer wieder haben wir einen schönen Ausblick auf den schneebedeckten Mt.Whitney und nur ungern treten wir, viel zu früh, den Rückweg an. Auf der ganzen sechsstündigen Wanderung ist uns nur ein Mensch begegnet, der sich eine Angelerlaubnis für den See besorgt hatte.
Längst hatten wir die dicken Jacken ausgezogen, denn von der Wanderung sind wir ins Schwitzen geraten. Nach den vielen Stunden, die man bei so einer Rundfahrt im Auto verbringt, tut ein solcher Marsch sehr gut, und müde aber befriedigt über unsere Leistung, lassen wir uns in die Sitzpolster fallen.
Die Sierra Nevada – ein lohnendes Wandergebiet.

Mount Whitney, im Herzen der *Sierra Nevada*, ist mit 4831 Metern der höchste Berg der USA.

Der *Yosemite National Park* in der großartigen Gebirgswelt der *Sierra Nevada* ist mit seinen 3000 Quadratkilometern einer der größten der Vereinigten Staaten, und man sagt, es sei der schönste aller Parks. Aus dem grünen Tal steigen über tausend Meter hohe Granitwände senkrecht auf und enden in flachen Kuppen. Die Drei- und Viertausender dahinter zeigen bizarr geformte Flanken. Von den Höhen stürzen – oft in vielen Stufen – mächtige Wasserfälle zu Tal. Kiefern-, Fichten- und Eichenwälder bedecken weite Flächen des Parks. Dreitausend Jahre alte Mammutbäume – die *Sequoia gigantea* – bilden ganze Haine. Und immer wieder stößt man auf blumenübersäte Wiesen und Auen, durch die sich munter plätschernde Flüßchen schlängeln. Es ist eine Märchenlandschaft – lieblich und anmutig, aber auch erhaben und gewaltig.

Der einzige östliche Eingang in den Park geht über den 3031 Meter hohen *Tioga Pass*. Aus Lone Pine kommend, hatten wir am Vorabend des achten Juli auf dem Trailer Park in *June Lake* Quartier gemacht, einem idyllisch gelegenen Platz an dem gleichnamigen See in 2600 Meter Höhe kurz vor dem

Ein paradiesisches Tal – der Yosemite National Park

Rast im *Tioga Pass Resort*, dem Ausgangspunkt in das großartige Gebiet der *Toulumne Meadows*.

Osteingang zum Yosemite Park. Oben im Park, gleich hinter dem Eingang, gibt es einen schön gelegenen Campingplatz: *Tuolumne Meadows Campground*. Von dort aus wollen wir den Park erforschen. Leider haben tausend andere Leute stets dieselbe Idee, und so ist dieser Platz schon immer recht bald ausgebucht. Deshalb muß man früh am Morgen kommen. In der Nacht hatte es sich empfindlich abgekühlt, und so fiel es uns nicht schwer, am nächsten Morgen relativ früh aufzustehen. Die 77 km vom June Lake Trailer Park bis zum Yosemite Park hatten wir schnell abgespult, und am frühen Vormittag hatten wir keine Schwierigkeit, einen Platz auf dem *Tuolumne Meadows Campground* zu bekommen (9 $). Es ist manchmal sehr wichtig, die Tagesetappen so zu legen, daß man zur richtigen Zeit am richtigen Ort ist.

Wir erreichten den Park und den Campingplatz von Osten her über die Tioga Road – SR 120, die diesen Teil des Yosemite Parks erschließt. Sie wurde 1882 bis 1883 als Zufahrt zu einem Bergwerk gebaut und 1961 neu trassiert und erweitert. Ausweichstellen findet man überall dort, wo sich besonders schöne Aussichten auf glitzernde Seen, ausgedehnte Bergwiesen, Felskuppeln und steile Grate bieten, die noch vor zehntausend Jahren unter Gletschereis begraben waren.

Der *Tioga Pass* ist ein Schaustück für sich. In einer Höhe von 3031 Metern führt hier die Straße über den Kamm der Sierra Nevada und erreicht damit die größte Höhe aller kalifornischen Autostraßen. Von der Passhöhe bietet sich dem Beschauer ein überraschend gegensätzliches Bild: nach Westen auf Berggipfel, grüne Wiesen und glitzernde Seen, nach Osten auf die öde Hochwüste.

Bald hinter der Passhöhe kommen wir an eine romantische Blockhütte, die als Wirtshaus, Einkaufsladen und Tankstelle dient (33% Preisaufschlag). Hier am *Tioga Pass Resort* machen wir Rast und fahren dann weiter in das großartige Gebiet der *Tuolumne Meadows*. Dies sind die größten Hochgebirgswiesen der Sierra Nevada. In 2800 m Höhe ist dies seit langem ein Zentrum sommerlicher Betätigungen, aber auch der Wintersport kommt nicht zu kurz. Die Almen sind im Frühjahr, wenn sie mit Blumen übersät sind, besonders anziehend. Hier ist der Ausgangspunkt vieler Wanderungen, und auch wir verbrachten fünf Stunden im *Lyell Canyon* bei einer Wanderung auf dem *Pacific Crest Trail*.

Yosemites Bergwelt mit ihren vielfältigen Reizen bietet dem erfahrenen Wanderer wie dem Neuling Gelegenheit zu mehrtägigen Wanderungen oder Tagesausflügen. Über 1200 km Wanderwege in verschiedenen Höhenlagen mit sehr unterschiedlichen Temperatur- und Luftdruckverhältnissen und immer neuen Ausblicken auf die malerische Landschaft stehen zur Verfügung. Dem ausdauernden Wanderer locken Ziele wie *Vogelsang High Sierra Camp, Merced Lake* oder *Sunrise Trail*, doch sollte man beim Start zu solchen Wanderungen bedenken, daß man sich auf Höhen über 2800 Metern bewegt, obwohl die Landschaft eher aussieht wie bei uns in Vorarlberg auf 800 bis 1000 Meter Höhe. Auch wir als geübte Alpinisten haben die Höhe verspürt und das Wandertempo entsprechend einrichten müssen.

Nur die Schwarzbären, die es hier oben noch gibt, haben wir nicht gesehen.

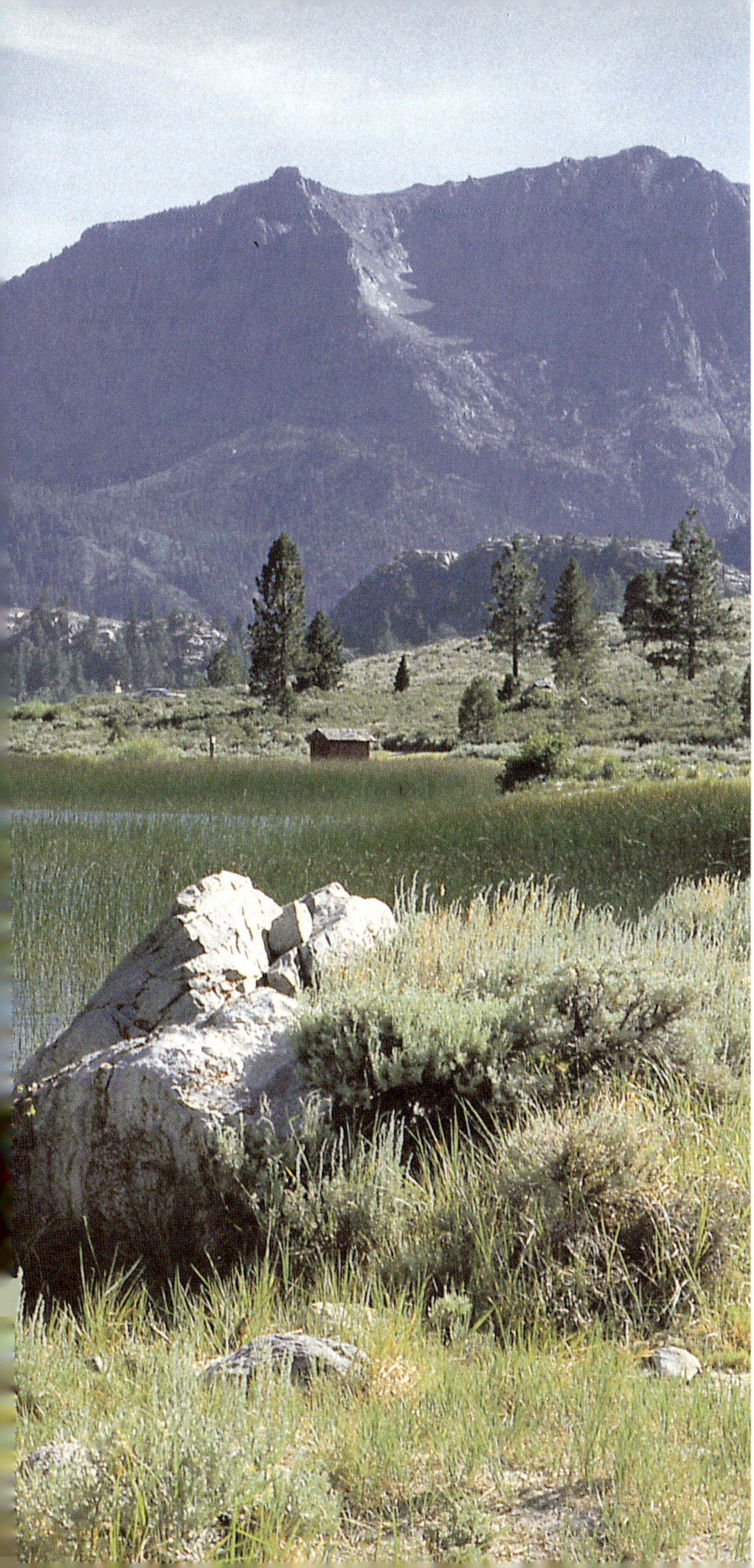

Die State Road 120 ins Tal ist steil und kurvenreich aber seit 1961 gut ausgebaut. Von der Passhöhe (3031 m) geht es hinunter ins Dorf auf 600 Meter, vorbei an kristallklaren Seen, kahlen, runden Bergkuppen, Wäldern und wunderschönen Wiesen.

Am *Tenaya See* gibt es sogar Sandstrand und Windsurfer. Dies ist ein idealer Ort, um einige Stunden auszuruhen, zu baden, zu sonnen und die Bergsteiger in der steilen Wand des 3307 Meter hohen *Mount Hoffmann* mit dem Fernglas zu beobachten.

Weiter unten im Tal gabelt sich die Straße: rechts geht die 120 weiter in Richtung San Francisco, links führt die 140 zu den südlichen Parkausgängen. Wer Zeit hat, sollte an dieser Stelle einen Abstecher zum *Hetch Hetchy Reservoir* machen. Dieser 100 Meter tiefe Stausee liegt dramatisch zwischen hohen Felswänden, 25 km nördlich von der Wegegabelung auf einer Höhe von ca. 2000 Metern. Er versorgt San Francisco mit Wasser. Auch von hier aus gibt es wieder herrliche Höhenwanderwege, z. B. zur Ranger Station am *Lake Eleanor* oder zum *Laurel See*.

Zurück ins Dorf sind es 40 km. *Yosemite Village* ist eine kleine Touristenstadt im Yosemite Valley mit Besucherzentrum, Krankenstation, Hotels und einigen Campingplätzen, einem Pferdestall und Fahrrad-Ausleihstation. Man kann das Tal zu Fuß, per Fahrrad oder im offenen Touristenbus (11 $) erleben. Auf jeden Fall wird einem die Hektik hier im Dorf nach der Ruhe und Unendlichkeit der Meadows auf die Nerven gehen. Trotzdem wollen wir die Sehenswürdigkeiten dieses interessanten Tales nicht verpassen.

Auf der Fahrt ins Dorf stürzen auf der rechten Seite die *Bridalveil Falls*

Ein paradiesisches Tal – der Yosemite National Park

Unglaublich schön ist die Landschaft in 2800 Metern Höhe in der *High Sierra* im *Yosemite Park*.

(Brautschleier Wasserfälle) fast 190 Meter frei in die Tiefe. Aber nicht ruhig, sondern sehr temperamentvoll und in ständiger Bewegung, vom Wind hin und hergeschwenkt wie der Schleier einer Braut. Dabei entstehen in der Nachmittagssonne die schönsten Lichtspiele der Regenbögen, die wie die bunten, flimmernden Lichterketten von Las Vegas vor dem dunklen Hintergrund funkeln.

Wer gern wandert, kann vom östlichen Ende des Dorfes entlang dem *Merced River* zu zwei weiteren Wasserfällen marschieren: dem 100 Meter hohen *Vernal Fall* und dem 186 Meter hohen *Nevada Fall*, zwei mächtigen Fällen, die auch im Hochsommer genügend Wasser führen, um ihr gewaltiges Schauspiel darzubieten. Zwischen ihnen liegt der *Emerald Pool*, durch den der hier wild schäumende Merced River fließt.

Steile Seitenwände und ein flacher Talboden sind für das Yosemite Tal charakteristisch. Seine Formung begann, als sich alpine Gletscher ihren Weg durch den Canyon des Merced River bahnten. Das Eis hobelte den weicheren Granit ab, ließ aber die härteren Teile als isolierte Blöcke, wie z.B. *El Capitan* und *Cathedral Rock* stehen und erweiterte den Canyon, den der Merced River durch aufeinanderfolgende Auffaltungen der Sierra gebildet hatte, sehr erheblich. Als der Gletscher schließlich zu schmelzen begann, riegelte die Endmoräne, die er vor sich hergeschoben hatte, das Tal ab, so daß das Wasser in dem U-förmig ausgeschliffenen Canyon einen See bildete, den prähistorischen Yosemite Lake. Sedimentablagerungen füllten schließlich den See und ließen den heutigen ebenen Talboden entstehen.

Ein kurzer Weg führt vom Yosemite Village nördlich zu den großartigen *Yosemite Falls*, die dort in drei Stufen über insgesamt 740 Meter in das Tal des Merced River fallen.

Weiter westwärts an der Fahrstraße hebt sich vom Grund des Tales ein mächtiger Granitfelsen in die Höhe. Er ist 2307 Meter hoch und heißt *El Capitan*, der Kapitän. El Capitan gilt als der größte Einzelfelsen aus Granit auf der Erde. Während man ihn von der Rückseite aus über einen 13 km langen Wanderweg besteigen kann, fällt die Vorderseite steil ab und ist Amerikas berühmteste Kletterstrecke. Der Aufstieg dauert für diejenigen, die oben ankommen, etwa eine Woche, die meisten aber kehren vorher um, und etliche brechen sich den Hals.

Zwischen El Capitan und dem Dorf ragen drei Bergspitzen mit dem Namen *Three Brothers* gen Himmel. Die höchste von ihnen ist der *Eagle Peak*, den man über den Eagle Peak Trail besteigen kann. Von oben hat man einen der schönsten Ausblicke ins Yosemite Tal. An der Westseite des El Capitan stürzen die Wasser des *Ribbon Creek* 491 Meter in freiem Fall herab. Der *Ribbon Fall* ist der drittgrößte Wasserfall der Erde.

Wir machen jetzt einen größeren Turn, wechseln über auf die SR 41 zum Südausgang des Parkes und fahren dort bis *Chinquapin*, wo die Glacier Point Road nach links abbiegt zum *Glacier Point* (25 km).

Glacier Point (2200 m üM) ist einer der wenigen Aussichtspunkte, wo sich die Landschaft dem Auge in solcher Weite darbietet, daß es den Beschauer überwältigt. Fast tausend Meter fällt der kahle Fels steil ab und gibt den Blick auf das ganze Yosemite Tal aus der Vogelperspektive frei. Jenseits des Tales sieht man den Yosemite Wasserfall herunterstürzen. Dahinter heben sich die schneebedeckten Berge der Sierra Nevada majestätisch vom Himmel ab. Im Osten sehen wir die Wasserfälle des Merced River, im Westen den El Capitan und die Drei Brüder. Senkrecht unter uns, am Fuße des tausend Meter steil abfallenden Felsens, liegt das Dorf, und die Häuser und Autos sehen aus wie bunte LEGO-Steine in der grünen Landschaft, die von dem silbernen Band des Merced River durchzogen ist. Doch alles wird in den Schatten gestellt von dem Blick auf den gewaltigen *Half Dome*, jene senkrecht gespaltene polierte Halbkugel von 2695 Metern Höhe, deren Westseite senkrecht ins Yosemite Tal abfällt. Kein Mensch weiß, wo die andere Hälfte geblieben ist.

Fahren wir weiter südwärts auf der SR 41, so kommen wir bald an den Südausgang des Parks, und genau dort sollte man unbedingt den 7 km langen Abstecher zur *Mariposa Grove* machen. Dies ist ein Hain von mächtigen *Mammutbäumen*. Fünfhundert riesige *Sequoias* stehen auf einer Fläche von knapp einem Quadratkilometer. Als ältester von ihnen gilt der 2700 Jahre alte *Grizzly Giant*. Er ist 64 Meter hoch und hat einen Umfang von 30 Metern bei 10,5 Meter Durchmesser. Diese Bäume sind die größten Lebewesen der Erde. Durch zwei dieser Baumriesen hat man 1881 und 1895 große Tunnel geschlagen, um Touristen mit Pferdegespannen hindurchzufahren: *California Tunnel Tree* und *Wawona Tunnel Tree*, der allerdings 1969 umgefallen ist. Andere berühmte Bäume des Parks sind der *Fallen Monarch* gleich am Eingang,

Blick auf den *Half Dome*, die senkrecht gespaltene polierte Halbkugel im *Yosemite Park*.

Mammutbäume im *Mariposa Grove Park* am Südausgang vom *Yosemite Park*.

97

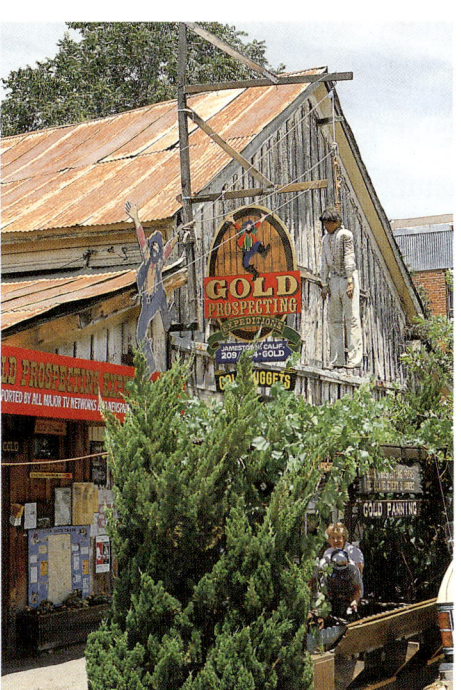

In *Jamestown* spüren wir noch heute den Hauch der alten Goldschürferei von 1848/49.

Faithfull Couple, Clothespin Tree und *Mariposa Tree*. Viele dieser Bäume haben schwarzverbrannte Rinde, als hätten sie gerade einen fürchterlichen Waldbrand überlebt. Dem ist wirklich so: der Mammutbaum ist nämlich der ständigen Waldbrandgefahr auf wunderbare Weise angepasst. Sein Holz und seine Rinde sind feuerfest. Die schwarzen Narben an den Stämmen einiger großer, völlig gesunder Bäume zeigen, daß sie zahlreiche sengende Brände überlebt haben. Ja, der Mammutbaum ist für seine Vermehrung sogar auf diese Waldbrände angewiesen, und seit der National Park Service das Legen künstlicher Waldbrände angeordnet hat, die die natürlichen Umweltbedingungen für Keimung und Wachstum wiederhergestellt haben, sind junge Mammutbäume wieder häufig anzutreffen. Diese werden dann in

Ein paradiesisches Tal, der Yosemite Park.

3000 Jahren von unseren Nachfahren bestaunt!

Es war spät, als wir aus dem Mariposa Grove Park kamen, und wir mußten lange suchen, bis wir so spät am Abend noch einen Campingplatz fanden, denn diese sind hier südlich vom Yosemite Park nur dünn gesät.
Schließlich fanden wir einen schönen Platz 22 km südlich vom Südausgang, direkt am *Basse Lake*.
The Pines Resort **(209) 642–3121** hat neben Motel und kleinem RV Park ein gemütliches Restaurant mit schönem Blick auf den See. Der Platz kostet 11 Dollar und das Abendessen für drei Personen 56 Dollar.

*

Der 12. Juli ist wieder Reisetag.
Vom Bass Lake nehmen wir die 49 Nord, nicht wissend, daß dieses eine schmale, steile und sehr kurvenreiche Bergstraße ist, mitten durch die Sierra Nevada und wieder auf Höhen von 2500 Meter. Diese „Abkürzung" erwies sich als eine langsame, mühevolle Bergtour durch unwirtliches aber sehr beeindruckendes Hochgebirge. Ich konnte die Landschaft genießen, denn Kristin fuhr die ganze Strecke und hat unser Motor Home sicher über die Serpentinen gebracht.
Unterwegs haben wir uns einige alte Goldgräberstädte angesehen und unsere Lebensmittelvorräte aufgefüllt. *Jamestown* und *Jackson* heißen die Orte, in denen noch heute ein Hauch der alten Goldschürferei von 1848/49 zu spüren ist.
Bei *Placerville* stießen wir wieder auf die Interstate 50 und kamen dort in Richtung Osten schnell voran. Nach einem langen Tag mit 382 km Serpentinenfahrt kamen wir um 19:30 Uhr auf den sehr schönen KOA Platz am Südende des *Lake Tahoe*, wo wir uns für zwei Nächte einquartierten. Steak und Salat beendeten diesen Reisetag.

Yosemite National Park

300 km südöstlich von San Francisco im Herzen der Sierra Nevada
Eintritt 5 Dollar pro Fahrzeug
300.000 ha groß
600 bis 4000 Meter üM

Besucherzentrum in Yosemite Village
(209) 372–0200

Camping:	*Tuolumne Meadows Campground 9 Dollar, first come/first serve*
Motel:	*Yosemite Lodge & Motor Inn Yosemite Village* **(209) 252–4848** *(45–78 $)*
Information:	*The Superintendent Yosemite National Park PO Box 577 Yosemite, CA 95389* **(209) 372–0264**
Highlights:	*Wanderungen in Tuolumne Meadows Glacier Point mit Half Dome Mariposa Grove*

Entfernung Lone Pine – Yosemite Village **373 km**

Lake Tahoe

Klar und tiefblau ist das Wasser des *Lake Tahoe*, eines der beliebtesten Ferien- und Ausflugszielen im mittleren Kalifornien. Der See ist 520 Quadratkilometer groß, liegt 2100 Meter über Meeresspiegel zwischen den dunkel bewaldeten Bergen der Sierra Nevada, die mehr als 1500 Meter über den See ansteigen. Am Seeufer liegen viele Ferienorte, und die Bergketten, die dieses Gebiet umgeben, sind ein beliebtes Wintersportgebiet. *Squaw Valley*, der Austragungsort der Olympischen Winterspiele von 1960, liegt am nordwestlichen Ende des Sees.

Der See und seine Umgebung sind ein einziges, riesiges Erholungsgebiet mit Wassersportmöglichkeiten, Wanderwegen, Reitmöglichkeiten und großen Campingplätzen. Die zugehörigen Hotelstädtchen liegen am Westufer: *South Lake Tahoe, Meeks Bay* und *Tahoe City*. Das Ostufer gehört bereits zum Staate Nevada. Unmittelbar hinter der Grenze bei South Lake Tahoe stehen in *Stateline* bereits die ersten großen Hotels und Spielkasinos, deren verlockendes Glücksspiel in Kalifornien verboten ist.

Überall am See findet man nette Restaurants, Motels und Bademöglichkeiten. Es ist schwer, für einen ein- oder zweitägigen Besuch das richtige Programm zu empfehlen. Zeit und Wetter bestimmen das Sightseeing Programm:

* Baden und Sonnen in einem der vielen Strandbäder
* Fahrt mit der (schweizer!) Seilbahn zum Heavenly Ski Resort in 2750 Meter Höhe, 670 Meter über dem See (9 $). **(916)541-7544**
* Besuch eines Spielkasinos an der Grenze in Nevada
* Frühstück in Heidi's Dutch Mill Restaurant in Carson City **(916) 544-8113**
* Besuch der historischen Virgin City
* Besuch der Ponderosa Ranch an der SR 28 in Incline Village mit dem Cartwright Ranch House aus der Fernsehserie Bonanza (5 $)
* Squaw Valley Ski Aera im Nordwesten des Sees
* Burg Vikingholm an der Emerald Bucht am Südwestzipfel des Sees
* Fahrt mit dem Mississippi Dampfer Tahoe Queen ab South Lake Tahoe, 12 $ pro Person

Die Fahrt um den ganzen See herum ist ohne die Abstecher 115 km lang. Überall gibt es Aussichtspunkte mit wunder-

Frech und aufdringlich, aber sehr putzig sind die kleinen Erdhörnchen.

schönem Blick auf den tiefblauen See. **Lake Tahoe**
Sehr schön ist es z. B. an der Steilküste
der *Emerald Bay*. Wer am Abend nicht
im Spielkasino die Einarmigen Bandi-
ten martern will, sollte vielleicht einen
Tisch bestellen im Heavenly Bergre-
staurant **(916) 544–6263**. Der nächt-
liche Blick über den See bei einem Glas
Kalifornischen Weines ist ein Erlebnis,
das lange im Gedächtnis bleibt.

Klar und tiefblau ist
das Wasser des
Lake Tahoe.

Lake Tahoe

An der Grenze zu Nevada
320 km nordöstlich von San Francisco
35 km lang, 19 km breit, 520 qkm
2100 m üM

Visitors Center an der SR 89 **(916) 541-0209**

Camping:	*KOA Lake Tahoe*	
	(916) 577–3693	*21 $*
Hotel:	*Tahoe West Motor Lodge*	
	(916) 544–6455	*30 $*
Information:	*Lake Tahoe Basin Management*	
	PO Box 8465	
	South Lake Tahoe, CA 95731	
	(916) 544–6420	
Highlights:	*Baden und Sonnen am See*	
	Spielkasino in Nevada	
	Seilbahn zum Heavenly Ski Resort	

Entfernung Yosemite Village – Lake Tahoe **458 km**

Captain John Sutter, ein Schweizer Emigrant, ließ sich im Jahre 1839 dort nieder, wo der *Sacramento River* und der *American River* zusammentreffen. Auf einem 50 000 ha großen Stück Land, das er von der Mexikanischen Regierung erhalten hatte, baute er zunächst ein Fort und gründete dann die Stadt *New Helvetia*, die sich bald zu einem geschäftigen Handelszentrum entwickelte und zu einem Anziehungspunkt für viele Emigranten aus dem Osten wurde. 1848 wurde aus der Niederlassung New Helvetia die Stadt *Sacramento* gegründet, doch im gleichen Jahr begann auch das Unglück für John Sutter: James W. Marshall entdeckte am 24. Januar 1848 Gold in der Nähe einer Mühle, die er für John Sutter baute. Man wollte diesen Fund geheimhalten, aber irgendwie verbreitete sich die Nachricht doch, und bald darauf begann der „Great California Gold Rush", die Goldsuche, mit rauhen Burschen und schlechten Manieren. Sutter konnte sich gegen diese Leute nicht wehren und zog 1873 ostwärts, um von dort aus zu versuchen, seinen rechtmäßigen Besitz wiederzuerlangen, der inzwischen viele Millionen Dollar hervorgebracht hatte. Es gelang ihm nicht, und er starb als armer Mann.

Das ist die Geschichte *Sacramentos*.

Ein Tag in Kaliforniens Hauptstadt

Das *State Capitol* im Zentrum von *Sacramento*, der Hauptstadt Kaliforniens.

Die Stadt wurde bald ein wichtiger Verbindungspunkt zwischen Ost und West, und bereits 1854 wurde Sacramento zur Hauptstadt Kaliforniens ernannt. Die erste Eisenbahnlinie in Kalifornien verband 1856 Sacramento mit Folson. Andere Eisenbahnverbindungen folgten, und noch heute ist die Stadt ein wichtiger Knotenpunkt des Eisenbahn- und Autoverkehrs. Und seit 1963 ist die Stadt auch ein wichtiger Binnenhafen, 1963 nämlich wurde der Tiefwasser Kanal zur San Francisco Bay fertiggestellt.

Dem heutigen Besucher präsentiert sich Sacramento als eine moderne Großstadt mit wenigen Anziehungspunkten. Sehenswert ist das *State Capitol* im Zentrum der Stadt mit der 70 Meter hohen Rundkuppel, den weißen Säulen und Blumenschmuck im Vorgarten. Wer das Capitol in Washington DC kennt, bemerkt eine frappierende Ähnlichkeit. Erbaut wurde das State Capitol in den Jahren 1861 bis 1874.

Fast alle gerösteten Mandeln, die wir in USA essen, kommen aus Sacramento. Die *California Almond Growers Exchange* ist in der C-Street Nr. 1701 und bietet täglich Besichtigungstouren **(916) 446–8409**.

Der schönste Teil von Sacramento ist *Old Sacramento*, bei der I-Street am Sacramento River. Während der Zeit des Goldrausches war es das Hauptgeschäftsviertel der Stadt. Jetzt ist die Stadt bemüht, den alten Charakter zu erhalten und mit Museen, Saloons und Läden in altem Stil an die Gute Alte Zeit zu erinnern.

Sacramento

Hauptstadt von Kalifornien
155 km nordöstlich von San Francisco
304000 Einwohner
10 m üM

Visitors Center:	*1311 I-Street* **(916) 442–5542**
	In Old Sacramento: *130 J-Street* **(916) 443–7815**
Camping:	*KOA Sacramento Metropolitan* **(916) 371–6771**
Hotel:	*Best Western Sandman Motel* *236 Jibboom Street* *am State Capitol* **(916) 443–7815**
Highlights:	*State Capitol* *Old Sacramento*

Entfernung Lake Tahoe – Sacramento **176 km**

Wein paßt zu allen Gelegenheiten, das ist das Schöne an ihm. Nicht übermäßiger Mengengenuß, sondern der verständig und andächtig genossene edle Tropfen bewirkt die in unserer hektischen Zeit so wohltuende Entspannung und erweckt Muße und erquickende Fröhlichkeit.

Auf meinen vielen Reisen in den Verei-

Im Land der edlen Tropfen

nigten Staaten habe ich gelernt, daß die europäische Überheblichkeit gegenüber den amerikanischen Weinen völlig unangebracht ist. Vielmehr müssen sich etliche europäische Weine gewaltig anstrengen, wenn sie gegen die ausgezeichneten Kalifornischen Weine standhalten wollen. Der Amerikaner ist kein Weintrinker in unserem Sinne, obwohl zu jedem „Dinner", zu dem ich eingeladen war, Wein gereicht wurde. Man zelebriert den Wein nicht wie bei uns. Wein wird getrunken wie Bier oder Juce, meist barbarisch kalt, aber gut ist er trotzdem.

Auch der Weinanbau unterscheidet sich von dem europäischen. Während Weinanbau bei uns eine kulturträchtige, altüberlieferte und geheiligte Tradition ist, schaut man in den USA nur auf Güte und Erfolg. Der Anbau in Kalifornien erfolgt in dem schmalen Küstenstreifen zwischen Pazifik und der Sierra Nevada in meist flachen und breiten Tälern, und vergebens sucht man nach den uns so vertrauten Reblandschaften von Rhein und Mosel oder aus dem Badischen Land.

Anbau, Pflege und Ernte sind „pflegeleicht" und rein kommerziell. Die Züchtung der Reben erfolgte systematisch und nach wissenschaftlichen Methoden, wobei das Kleinklima der einzelnen Gebiete berücksichtigt wurde. Die europäischen Sorten Riesling, Sauvignon, Muskat u. a. wurden an die örtlichen Verhältnisse angepaßt, aber auch viele neue Rebsorten wurden gezüchtet, die bekannteste ist sicher der *Zinfandel*.

Auch ihr „Public Relations" betreiben die Kalifornischen Weinbauern echt amerikanisch: Jedes Weingut ist ansprechend gestaltet, mit Zypressen, Blumenrabatten, Grünanlagen und meist auch schönen Häusern, und fast alle sind offen für Besichtigungen und Weinproben. So kann man sich täglich von 10 bis 17 Uhr durch die Vineyards „tasten" und muß nur schauen, daß

Weingut *Beringer* im *Napa Valley*.

Pferdekutsche im historischen Old Town Sacramento.

man bei der Heimfahrt nicht vom Sheriff erwischt wird, denn der hat auch in Kalifornien Alkohol am Steuer nicht gern. Zur eigenen Sicherheit sollte man beim „Free Wine Tasting" nicht übertreiben, oder einen Cola-Trinker als Fahrer ausdeuten.

Die bekannten Weinanbaugebiete in Kalifornien sind das *Napa Valley*, etwa 50 Meilen nördlich von San Francisco entlang der SR 128, und das kurvenreiche *Sonoma Valley* an der SR 121.
Für unseren Reiseabschnitt San Francisco – Napa Valley hatten wir für mehrere Nächte auf dem KOA Platz Petaluma, 50 km nördlich von San Francisco am US Highway 101, Quartier gemacht. Von dort aus ist es nicht weit bis ins Napa Valley, eine Beschreibung gibt's in der Office des Campingplatzes. In dieser Beschreibung finden Sie auch die Adressen der bekanntesten Weingüter sowie Öffnungszeiten und Telefonnummern, falls man besondere Auskünfte einholen möchte.
„From KOA south on Hwy 101 to 116 turnoff. East on 116 to 121, then north on Hwy 29 to NAPA. 44 miles, one hour to drive – one way"
Wir folgten dieser Beschreibung und waren tatsächlich nach einer Stunde Fahrt in *Napa*. Begierig, die Weingüter zu sehen und den guten Wein zu proben, sollte man aber nicht versäumen, Napa zu besuchen. Es ist ein hübsches Städtchen mit Fußgängerzone, Boutiquen und Restaurants. Sauber und ordentlich wie eine deutsche Kleinstadt.
Von den vielen, vielen Weingütern im Napa Valley, die alle an der SR 29 liegen, haben wir sechs ausgesucht, von denen wir dann fünf besucht haben. Fangen wir gleich mit der Nummer 6 an, die wir leider boykottieren mußten:

Sterling, ziemlich am Ende des Tals, wollte 5 Dollar pro Person, nur um mit einer kurzen Seilbahn auf das Gut zu gelangen, das auf einem Berg liegt und einen schönen Blick auf das Tal haben soll. Das hat uns nicht gepaßt, und so sind wir einfach weitergezogen, denn es gibt laut meiner schlauen Liste 50 weitere Wineries im Napa Valley mit Weinproben, die sicher ohne teure Seilbahn zu erreichen sind. 34 weitere Wineries sind aufgeführt, die keine Weinprobe anbieten bzw nur für Gruppen auf Bestellung.
Am schönsten war's bei *Beringer*. Dieses Weingut wurde gegründet von den deutschen Brüdern Frederick und Jacob Beringer. Die interessante Führung zeigt auch die Lagerräume, die von chinesischen Lohnarbeitern in den Fels gehauen wurden. Die Weinprobe erfolgt in dem Hauptgebäude des Gutes,

Die Weingüter im *Napa Valley* laden zu Weinproben ein.

dem *Rheinhaus*. Dieses haben die Gebrüder Beringer von ihrem Architekten nach Originalplänen eines deutschen Hauses vom Rhein bauen lassen. Bewundernswert sind auch die Gartenanlagen.
Beringer Vineyard
2000 Main Str.
St.Helena, Napa Valley, CA
(707) 963–7115

Prager Port Works ist ein kleiner Laden, der sich auf Portwein spezialisiert hat. Individuelle Beratung und ein Schwätzchen nach süddeutscher Art machen diesen kurzen Besuch besonders angenehm. Die Erzeugnisse sind allerdings recht teuer.
Gleich um die Ecke liegt *Sutter Home*. Das ist eine riesengroße Anlage mit vielen Bussen und viel Tam Tam, so daß unser Aufenthalt hier nur kurz war.
Mittags vesperten wir zünftig mit frischem französischem Stangenbrot, Käse und Rotwein auf einer grünen Wiese unter schattigen Bäumen.
Wo?
In *V. Sattui* in St. Helena.
In einem riesigen,scheunenartigen, rustikalen Verkaufsraum gibt es unendlich viele Sorten Käse, auch aus Deutschland, Frankreich und der Schweiz; frisches Brot, viele Souveniers und natürlich Wein, soviel das Herz begehrt. Der Laden ist darauf eingerichtet, daß man sein Vesper mit nach draußen nimmt und dort auf einer großen Picknick-Wiese verzehrt.
Wir stopfen uns voll Käse und Brot – mit dem Wein müssen wir schon etwas vorsichtig sein – dann reicht die Zeit gerade noch für zwei weitere Besuche : *Hanns Kornell* ist deutscher Abstammung und macht Sekt.

Bei einem interessanten Rundgang durch seine Kellerei erfahren wir allerhand Wissenswertes über Sekt und haben anschließend Gelegenheit, uns mit dem Eigentümer zu unterhalten. Dabei erfahren wir, daß bei ihm sehr trockener Sekt mit EXTRA DRY bezeichnet wird, trockener dagegen mit der deutschen Aufschrift „SEHR TROCKEN". Kurz bevor wir mit Alkoholvergiftung in der waagerechten verschwinden, besuchen wir noch *Joseph Mathews* in Napa.

Unsere Tochter, die längst auf Cola umgestellt hatte, fuhr uns nach *Somona*, das ist die Konkurrenzstadt im Nachbartal, in dem es ebenfalls eine Vielzahl von Weingütern gibt (19 im Prospekt). Somona selbst ist ein nettes Städtchen mit französischem Touch, und unversehens fanden wir uns in einem französischen Restaurant, wo wir sehr nett gegessen haben.
Auch hier besuchen wir noch zwei Weingüter, natürlich nicht mehr am selben Tag. Die *Buena Vista Winery* ist zwei Meilen nordöstlich der Old Winery Road in Somona. Hier pflanzte der ungarische Graf Agoston Haraszy die ersten Weinreben in Kalifornien überhaupt, um auszuprobieren, ob man hier Weinbau betreiben könnte. Sein Experiment ist gelungen, die kalifornische Weinindustrie begann zu wachsen. Die letzte kleine Winery, die wir sahen, war *Sebastiani Vineyards* in der vierten Straße in Somona.

Jetzt sind wir richtig eingestimmt und freuen uns auf einen ganz großen Höhepunkt der Rundreise, auf **San Francisco!**

San Francisco – der Taum aller Europäer. Aber auch der Amerikaner der Ostküste. **Frisco**, wie die Kalifornier ihre Stadt liebevoll nennen, Frisco ist sicherlich die europäischste amerikanische Großstadt.

Sie wurde viel besungen, es wurde viel über sie geschrieben, und wer etwas über diese Stadt erfahren will, findet in

Cable Cars und Lombard Street

den Büchereien der Welt ganze Regale voller Literatur.

Doch wie erlebt der Wohnmobilfahrer diese Stadt? Kann man sie mit dem Motorhome überhaupt erleben?

Wir erreichten die Stadt von Norden her auf dem US Hwy 101, da wir die beiden letzten Nächte auf dem KOA Platz in *Petaluma* verbracht hatten. Kurz vor der Golden Gate Bridge verlassen wir die 101 am Wegweiser nach *Sausalito*, jener kleinen Künstlerstadt mit dem großen Bootshafen, von der aus man besonders am Abend einen wunderschönen Blick über die Bay auf das Lichtermeer von San Francisco hat. Aber auch am Tage lohnt sich dieser kleine Abstecher, und ein Bummel durch die kleinen Sträßchen mit den netten Boutiquen und Restaurants ist sehr erfrischend.

Auf der Weiterfahrt nach San Francisco nehmen wir nicht die Hauptstraße, sondern fahren auf einer kleinen, kurvenreichen Nebenstraße in Richtung Golden Gate Bridge, kommen dabei aber an den *Cavillo Point*, von wo aus

San Francisco, der Traum aller Europäer.

Die Bewohner von San Francisco nennen sie die „krummste Straße der Welt": die Lombard Street.

man den „berühmten" Blick auf San Francisco hat mit der gigantischen *Golden Gate Bridge* im Vordergrund. Hier jedoch erlebt man in den Sommermonaten – von Mai bis September – fast stets eine Enttäuschung, denn die wohlbekannten Postkarten werden immer im Winter gemacht: die Brücke verbirgt sich den Sommer über in dichtem Nebel, der ständig vom Pazifik in die San Francisco Bay hereindrückt und natürlich auch den Blick auf die Stadt arg verschleiert. Wer hier die Brücke im Sommer fotografieren kann, ist ein Glückspilz.

Dieser Nebel ist schuld daran, daß es die Stadt San Francisco erst seit 1776 gibt. Die Spanier hatten die Möglichkeit, die sich hier bot, glatt übersehen. Immer, wenn sie von San Diego aus nordwärts segelten, lag dort diese dichte Nebelbank und versperrte die Einsicht in die Bucht. Das ist auch heute oft noch so. Es dauerte 200 Jahre, bis das erste spanische Schiff unter Kapitän de Ayala die Einfahrt in die Bay entdeckte. Das war im Jahre 1775, und bereits ein Jahr später wurde die Mission San Francisco de Asis gegründet, aus der sich dann alsbald eine blühende Küstenstadt entwickelte, die 1847 ihren heutigen Namen erhielt. Natürlich half auch hier der Goldrausch der Jahre 1848 bis 1851 dem lebhaften Aufschwung. Allein im Jahre 1849 wuchs die Stadt um 40.000 Einwohner. Am 17. April 1906 kam dann das große Erdbeben, welches 80 Prozent der Stadt in Schutt und Asche legte. 30.000 Häuser fielen zusammen oder verbrannten bei dem anschließenden verheerenden Großfeuer, doch aus den Trümmern entstand innerhalb fünf Jahren ein neues San Francisco, die Stadt, die jetzt im Nebel vor uns liegt.

Die Stadt liegt im nördlichen Teil einer etwa 12 km breiten Halbinsel, die im Osten von der San Francisco Bay und im Westen vom Pazifik begrenzt wird. Diese Wasserfläche und die kühle Meeresströmung an dieser Stelle des Pazifik wirken auf die Stadt wie eine riesige Klimaanlage: die Winter sind mild und die Sommer angenehm kühl, so daß man in der Stadt nur wenige Klimaanlagen sieht. Allerdings hat's dafür den berüchtigten „Sommernebel", der die Fotografen auf dem Cavillo Point so ärgert. Diese Nebel entstehen von Mitte Mai bis Anfang September dadurch, daß ständig die kühle Meeresluft auf die warme Luft des Festlands stößt.

*

Als sich zwischendurch die Nebelschwaden einmal etwas lichten, machen wir unsere Fotos von der *Golden Gate Bridge* und fahren dann herunter auf die 101, um über die Brücke nach San Francisco zu fahren. Für die nächste Nacht gehen wir auf den San Francisco RV Park in der King Street. Das ist ein riesiger geteerter Parkplatz ohne jeden Reiz, der aber mitten in der Stadt liegt mit günstiger Busverbindung ins Zentrum. Von hier aus erkunden wir die Stadt per Pedes, wobei wir streckenweise den Bus oder die Cable Car benutzen.

In San Francisco kann man Wochen oder gar Monate verbringen, wir möchten hier nur die wichtigsten Sehenswürdigkeiten aufzählen, die man bei einem kurzen Besuch unbedingt anschauen sollte:

Wir sind mutig und fahren mit unserem Wohnmobil mitten in die Stadt. Das ist hier nicht außergewöhnlich und es

wimmelt von RV's. An der Ecke Taylor/ North Point Street gibt es einen Parkplatz, auf dem wir immer einen Platz zu erschwinglichen Preisen bekamen. Von dort laufen wir zwei Blocks ans Meer zur *Fisherman's Wharf,* das ist das Touristenzentrum am Hafen mit Restaurants, Verkaufsbuden, Gauklern, Musikanten und was sonst noch zum „Touristenrummel" gehört.

In der Nähe liegt der *Pier 41.* Von dort starten die Schiffe zur Insel *Alcatraz,* jener zwei Kilometer nördlich der Stadt gelegenen Gefängnisinsel, die noch bis 1963 als Gefängnis diente. Alle großen amerikanischen Spitzbuben wurden hier beherbergt, auch *Al Capone* saß hier und *Robert Stroud,* der „Birdman". Den schönsten Blick auf *Alcatraz Island* hat man vom oberen Ende der Gefällestrecke der *Lombard Street.*

Die Bewohner von San Francisco nen-nen sie die „krummste Straße der Welt". Blumengeschmückt und mit roten Backsteinen gepflastert windet sich die Straße in zehn Haarnadelkurven mit einem Gefälle von 40% von der Hyde Street herunter zur Learenworth Street. Ein nicht endender Strom von Touristenautos windet sich hier tagtäglich hinunter, obgleich die Parallelstraßen einen ganz normalen Verkehr zulassen.

Aber das ist halt nicht so spaßig.

Oben in der Hyde Street ist auch eine der schönsten Steilstrecken der *Cable Car.* Mit dieser alten Straßenbahn muß jeder Besucher einmal fahren.

Der Kabelfabrikant Andrew Smith Hallidie hatte 1870 die Idee zu dieser von unterirdischen Kabeln angetriebenen Straßenbahn, und bereits 1873 war die erste Teilstrecke in Betrieb. Heute sind die bunten Wagen der Cable Car ein

Oben an der *Hyde Street* ist eine der schönsten Steilstrecken der *Cable Car.*

113

Hat das Erdbeben
von 1989 überstan-
den: die *Golden
Gate Bridge* von
San Francisco.

Wahrzeichen von San Francisco, und die letzten drei Teilstrecken stehen unter Denkmalschutz.

In einem Kanal unterhalb der Straße, jeweils in der Mitte zwischen den Straßenbahnschienen, läuft ein unendliches Stahlkabel über Seilrollen. Diese Kabel der drei Linien werden zentral angetrieben im Maschinenhaus der *Cable Car Barn* Ecke Washington und Mason Street. Wer genügend Zeit hat, kann dieses Depot und Museum besichtigen.

Die unterirdischen Kabel bewegen sich ununterbrochen mit einer gleichmäßigen Geschwindigkeit von etwa 20 Stundenkilometern. In jeder Cable Car gibt es außer dem Schaffner noch einen „Gripman", den Greifermann, der mit einer seltsamen Klemmvorrichtung den Wagen an das Seil anhängt, um dann mit Seilgeschwindigkeit die steilen Berge herauf- oder herunterzufahren. An den Haltestellen wird der Wagen vom Seil gelöst und mit einer riesigen Handbremse zum Stillstand gebracht. Das Ganze geschieht mit großem Gepolter und Gebimmel, macht mords Spaß, ist hoffnungslos unwirtschaftlich – aber umweltfreundlich. Die schönste Strecke ist Powell Hyde Street von Fisherman's Wharf zur Market Street, vorbei am oberen Teil der Lombard Street. Interessant ist es auch, an einem der „Turntable", den Cable Car Drehscheiben am Ende jeder Fahrstrecke, zuzuschauen, wie Gripman und Schaffner, meist unter Mithilfe der Fahrgäste, ihr viktorianisches Gefährt in die neue Fahrtrichtung drehen.

Die Straßen von San Francisco winden sich wie Achterbahnen über die siebzig Hügel der Stadt. Vom tiefsten Punkt der Lombard Street kann man nach Osten hin wieder steil emporwandern oder fahren, zum 90 Meter hohen *Telegraph Hill* mit dem 64 Meter hohen *Coit Memorial Tower*. Oben vom Turm herunter hat man einen herrlichen Rundblick über die Stadt und die Bay von San Francisco. Der Eintritt beträgt 3 Dollar. Der Turm wurde 1934 zum Andenken an die Freiwillige Feuerwehr errichtet, die im alten, stark brandgefährdeten San Francisco große Taten vollbracht hat. Gestiftet wurde der Turm von *Lillie Hitchcock Coit*, einer vermögenden Lady, die besondere Freude an Bränden hatte.

An der Grant Avenue liegt in Höhe der Washington Street das Chinesenviertel *Chinatown*. Man erreicht es leicht mit der Cable Car und kann hier bei einem Bummel über die Grant Avenue die chinesischen Tempel, Teehäuser, Apotheken und Kuriositätenläden bewundern. Nirgends – außer in China selbst – wohnen in einer Stadt so viele Chinesen wie im Chinesenviertel von San Francisco. Es sind etwa 70.000, und wer gern chinesisch essen geht, hat hier eine große Auswahl guter und original chinesischer Restaurants.

Drei Straßenzüge westlich von Chinatown kommen wir zum *Nob Hill*, zum „Vornehmen Hügel". Da dieses der Größte der siebzig Hügel San Franciscos ist, bauten früher die reichen, „vornehmen" Leute hier ihre Häuser. Besonders vornehm ist es hier heute nicht mehr, aber man hat wieder einen schönen Blick über die Stadt.

Das *Fairmont Hotel* an der Ecke California Street ist aus der gleichnamigen Fernsehserie bekannt. Wer's sich leisten kann, im Restaurant im obersten Stock des Fairmont zu speisen, hat natürlich ein besonderes Erlebnis „über den Dächern von San Francisco".

Noch einmal zwei Straßenzüge weiter westlich an der California Street, gleich hinter dem Huntington Park, steht die *Grece Cathedral*, eine „alte gotische Kirche", erbaut 1963!.

Zum *Civic Center* fahren wir mit dem Bus (75 cent in Quarters) oder mit unserem Motor-Home. Den Mittelpunkt des Center bildet der weiträumige, baumbestandene *Civic Center Plaza*. Um diesen Platz herum gruppieren sich in respektabler Weise die Hochhäuser des Behördenviertels: die Stadthalle mit dem 92 Meter hohen Rathausturm, das Opernhaus, die Stadtbücherei und die Davies Symphony Hall, mit über 3000 Sitzplätzen einer der größten Konzertsäle der Welt. Hier ist das San Francisco Symphony Orchestra zu Hause.

Der Platz ist trotz der vielen modernen Bauten ringsum interessant anzuschauen, und im Sommer sitzen auf den Stufen der Denkmäler und Brunnen gutgekleidete Bänker beim Lunch aus der Papiertüte.

Die Fahrt vom Civic Center zum *Alamo Square* ist einfach: Wir fahren nur die Fulton Street westwärts und stoßen genau auf den Park. An der Steiner Street finden wir eine der schönsten Zeilen viktorianischer Häuser mit ihren hübschen, altmodisch verspielten und in zarten Farben von Türkis über Elfenbein bis Rosa gehaltenen Fassaden. An der ansteigenden Straße stehen die Häuser treppenförmig versetzt, und wir erleben hier jene Verspieltheit, die San Francisco noch heute aus der Monotonie amerikanischer Städte heraushebt.

Auch den Weg zur *Mission Dolores* finden wir sehr einfach: Vom Alamo Square fahren wir die Steiner Street bergauf bis zur 16.Straße, und dann links auf der 16. bis Dolores Street. Hier stehen in einem kleinen Park die beiden Kirchen der Mission Dolores. Die alte, aus Luftziegeln gebaute Kirche von 1791 und die neuere in andalusisch-mexikanischem Barock. *Pater Junipero Serra* gründete hier im Jahre 1776 die Mission „San Francisco de Asis". Um das Missionsgebäude herum siedelte sich ein kleines Dörfchen an mit dem Namen „Yerba Buena", aus dem sich in den Jahren des Goldrausches die Stadt entwickelte. Wir stehen hier also am oder im Ursprung der Stadt San Francisco.

An einem schönen Sommertag sollte man den Besuch des *Japanischen Teegartens* im *Golden Gate Park* nicht versäumen. Romantische Wege über Brücken und Bögen, vorbei an plätschernden Brunnen und Bächen, führen durch einen Park mit Blumen und Kräutern, der zur Zeit der Kirschbaumblüte besonders reizvoll ist. In japanischen Teehäusern wird Tee gereicht. Eintritt ein Dollar.

Was ist ein schöner, erlebnisreicher Tag ohne ein schönes Abendessen!

Aus den vielen tausend Möglichkeiten in San Francisco empfehlen wir zwei: *SCOMA's* an der Fisherman's Wharf und das *Cliff House*, direkt am Pazifik. Der Weg dorthin ist sehr einfach und sehr lang: Im Zentrum suchen wir uns den Gery Blvd, z.B. vom RV Park aus die dritte Straße hoch, diese trifft genau auf die Gery Street. Und dann geht's immer geradeaus zum Meer, geradewegs zum Cliff House. Aber lange dauert's, unter 45 Minuten wird man's kaum schaffen, obgleich die Straße wie mit dem Lineal gezogen von Ost nach West verläuft. Im Cliff House selbst sollte man vorher eine Reservierung ge-

Die berühmte Reihe Viktorianischer Häuser an der Steiner Street.

Im Japanischen Garten von San Francisco

macht haben – oder im netten Cocktail-Restaurant auf seinen Tisch warten. Das sehr hübsche Restaurant direkt am Ozean wurde 1858 erbaut und ist besonders beliebt wegen des Ausblicks auf die vorgelagerten *Seal Rocks*, die Seelöwen-Inseln, die von Mai bis Oktober von hunderten von Seelöwen bewohnt werden. Im Cliff House ißt man natürlich besonders gut Fisch, und für 70 bis 80 Dollar zu dritt haben wir einen sehr schönen Abschluß des San Francisco Besuches.
Rot geht die Sonne unter – die Tage in San Francisco sind vorbei, sie waren bezaubernd in dieser meerumspülten Stadt mit der europäischen Atmosphäre.

Cable Cars und Lombard Street

San Francisco

Großstadt an der Westküste, an der San Francisco Bay
713.000 Einwohner
Bis 310 m üM
Visitors Center: 900 Market Street **(415) 974–6900**

Camping:	*San Francisco RV Park*
	250 King Street
	(415) 986–8730 *(33 $)*
	San Francisco North/Pataluma KOA
	20 Rainsville Rd., Pataluma,
	CA 94952
	50 km nördlich San Francisco
	(707) 763–1492 *(25 $)*
Motel:	*Best Western Civic Center Motor Inn*
	364 9th St., San Francisco, CA 94103
	(415) 621–2826 *(60 $)*
Highlights:	*Cable Car*
	Alcatraz
	Lombard Street
	Fisherman's Wharf

Entfernung Sacramento – San Francisco **155 km**

Auf der „Traumstraße der Welt" von San Francisco nach Los Angeles

Der legendäre *„California Highway Number One"*, die *Traumstraße der Welt*, sollte uns auf den letzten Etappen unserer Rundreise an der Pazifik-Küste zurück nach Los Angeles bringen. Diese Küstenstrecke ist nicht minder großartig als die Nationalparks im Innern des Landes. Diese Strecke ist vom Ozean geprägt, der streckenweise tief unter uns brodelt, an anderen Stellen friedlich zum Baden einlädt. Steil und eng folgt die Straße den Windungen der zerklüfteten Küste, und der Fahrer des großen Wohnmobils hat nicht immer dieselbe Freude an der schönen Landschaft wie die Beifahrer, die hier nicht mehr die Straßenkarten lesen müssen: Gnadenlos führt der US Highway Nr. 1 nach Süden, dem Ende unserer Reise entgegen.

Kristin hat sich auf den zurückgelegten sechstausend Kilometern als eine Art Trickfahrer entpuppt, der den großen Wagen auf den kurvenreichen und teilweise engen Hochgebirgsstraßen der Sierra Nevada stets sicher und wohlgemut ans Ziel gebracht hat. Auch auf der US Nr. 1 hat es sie wieder erwischt, und so konnten wir Senioren diesen letzten Reiseabschnitt noch einmal richtig genießen.

Am nördlichen Ende der Bucht von Monterey liegt *Santa Cruz* (nicht zu verwechseln mit der Insel Santa Cruz vor Santa Barbara). Diese quirlige Stadt, die noch im Einzugsgebiet von San Francisco liegt, ist bekannt durch den *Santa Cruz Beach Boardwalk*, den einzigen Amüsierpark der Westküste, der direkt am Ozean liegt. 1907 wurde hier ein großes Kasino errichtet, das heute Teil des Unterhaltungsparks ist mit Karussels, Schießbuden und allem was dazugehört.

Schöner ist es in dem malerischen Fischereihafen *Monterey*, wo wir über Fisherman's Wharf schlendern und in einem der kleinen Restaurants einen Kaffee trinken. Wer rechtzeitig am Morgen dort ist, kann die Fischerboote besichtigen und das Ausladen der nächtlichen Beute beobachten.

Auf dem Weg nach *Carmel* verlassen wir einmal kurz den US Highway Nr. 1 bei *Pacific Grove*, um die Sehenswürdigkeiten des *Seventy Miles Drive* nicht zu verpassen. An der Pacific Grove Gate entrichten wir fünf Dollar, für die wir dann durch dichte DelMonte Kiefern- und Zypressenwälder fahren dürfen, vorbei an unzähligen Golfplätzen, die uns das Leben der wohlhabenden Amerikaner, the happy few, demonstrieren. Wer, wie wir, die Küstenstraße bis Los Angeles herunterfährt, muß den Seventy Mile Drive nicht unbedingt absolvieren, hat er doch außer der *Lonely*

Cypress und dem *Seal Rock* keine wirklichen Attraktionen aufzuweisen. Schön ist sie, die Fahrt entlang der Pazifik-Küste, und an der *Seal Rocks Picnic Area* sollte man auf jeden Fall halten, auch wenn der Sinn nicht nach Picnic steht: Dort auf den vorgelagerten Klippen kann man aus ziemlicher Nähe die Seelöwen beobachten und mit dem zweihunderter Tele gute Fotos machen. Weiter unten, am *Cypress Point*, findet man eine unberührte Landschaft gewaltiger, unbeweglicher Bäume. Auf den Granitklippen der hier steil abfallenden Küste wachsen prächtige Exemplare der Monterey-Zypresse. *The Lone Cypress*, die einsame Zypresse, ist das Wahrzeichen dieser Gegend, weltberühmt und viel fotografiert. Mit breitgefächerter Krone erhebt sie sich einsam auf einem zerborstenen Felsen mitten in der Brandung.

Durch den Südausgang kommen wir in wenigen Minuten zu dem kleinen aber wunderschönen Küstenort *Carmel*, der 1904 von einigen wenigen Schriftstellern und Künstlern gegründet wurde. Heute hat der Ort 4800 Einwohner und besteht fast nur aus Boutiquen, Restaurants und privaten Wohnhäusern aller Stilrichtungen, die den Geschmack und Geldbeutel des jeweiligen Besitzers charakterisieren. Auch Doris Day wohnt hier, niemand weiß jedoch, wo. Ein Bummel durch dieses Städtchen ist erfrischend, und man findet manche Kleinigkeit zum Mitnehmen. Wer hier Quartier machen will, sollte im „Carmel Inn" absteigen für ca 70 Dollar für's Doppelzimmer. Das ist preiswert, und das Wirtshaus liegt direkt im Zentrum dieses gemütlichen Dörfchens. Ohne Vorbestellung jedoch keine Chance! **(408) 624–3851**.

Carmel, das Paradies für Künstler und Schriftsteller.

Der *Seal Rock* an der *Traumstraße der Welt*.

Blumenpracht an der *Mission von Carmel*.

An der Rio Road liegt die *Mission von Carmel*, deren genaue Bezeichnung „Mission San Carlos Borromeo del Rio Carmelo" sowohl den Amerikanern als auch den Besuchern zu lang ist. Die „Mission von Carmel" wurde 1771 von *Pater Junipore Serra* gegründet, der hier auch 1784 seine Grabstätte fand. Die im spanischen Stil erbaute Kirche liegt inmitten eines subtropischen Gartens mit violetten und glühend roten Bougainvilleen, Indischen Cannae und der elfenbeinfarbenen „Our Lord's Candle".

Südlich von Carmel beginnt das schönste Teilstück des *Pacific Coast Highway*, wie die Nr. 1 hier heißt. Die nahe ans Meer herantretenden Santa Lucia Berge bedrängen die Straße und zwingen sie zu endlosen Kurven über steilabfallende Vorgebirge, bergauf und bergab, schmal und teilweise ohne Seitenbefestigung. Unser Teenage-Driver steuert das Motor-Home über diese schwierige Strecke, wobei wir jedoch etliche Unterbrechungen machen, um auf den überall angelegten Haltepunkten den Blick über den Ozean zu genie-

ßen mit der weit heranrollenden Brandung, die sich an den Felsklippen bricht und Türme von weißer Gischt in den blauen Himmel wirft.

*

Was für Ludwig II. von Bayern das Schloß Neuschwanstein war, war für den amerikanischen Zeitungskönig William Rudolph Hearst (1863–1951) sein *Hearst Castle*. Dieses 30 Millionen Schloß wurde zwischen 1919 und 1947 gebaut, hat hundert Räume und liegt oberhalb des kleinen Küstenortes *San Simeon*, 254 Meilen nördlich von Los Angeles. Das Castle ist von dem riesigen Parkplatz aus nur mit Besichtigungsbussen zu erreichen (8 Dollar), und diese Touren sind immer ausverkauft.

Obwohl man sehr darüber streiten kann, ob man dieses Schloß unbedingt sehen und mindestens einen halben Urlaubstag dafür opfern muß. Was wir sehen, ist eine Ansammlung schloßähnlicher Gebäude verschiedener europäischer Stilrichtungen mit Marmorfiguren, Springbrunnen, riesigen Schwimmbecken und wunderschön

gepflegten Palmen- und Blumengärten. „Das verrückteste Bauwerk Amerikas" liegt auf einem 530 Meter hohen Berg mit schönem Ausblick auf San Simeon und den Pazifik.

Morro Bay, 45 Kilometer südlich von San Simeon, ist nicht einmal im Polyglott erwähnt, hat aber einen sehr schönen RV Park direkt am Meer und einen schönen, breiten Strand.

Wir haben etwa den halben Weg nach Los Angeles geschafft und übernachten hier auf dem „Morro Dunes Travel Trailer Park and Resort Campground" **(805) 772–2722**; (12 $).

Die Sehenswürdigkeit in Morrow ist *Morrow Rock*, bekannt als „Gibraltar des Pazifik". Das ist ein gewaltiger, konischer Felsen, der sich fast 200 Meter aus dem Meer erhebt und wie eine uneinnehmbare Festung der starken Brandung trutzt.

Tanken ist lästig. Man verliert Zeit und Geld.

Aber daß wir in *Buellton* tanken mußten, war für uns ein Segen. Der Tankwart nämlich gab uns den guten Rat, hier die 101 zu verlassen und über die SR 154 nach Santa Barbara zu fahren. In dem nächsten Städtchen sollten wir halten – wir würden schon sehen!

Dieser kleine Umweg kostete uns einen ganzen Tag. Der so verheißungsvoll angekündigte kleine Ort heißt „*Solvang – Denmark in California*".

Zunächst einmal ist man total verwirrt: Wir parken auf dem Marktplatz einer total dänischen Stadt mit riedgedeckten Häusern, Windmühlen, buntbemalten Fachwerkhäusern und dänischen Ladenschildern. In den heimeligen und sauberen Läden finden wir dänisches Buttergebäck, wunderbares dänisches

Eine echte dänische Windmühle in Kalifornien-Solvang.

Mitten in Kalifornien begegnen wir Dänemark: *Solvang – Denmark in California*.

Brot, Käse, Mandelkringel und echtes Kopenhagener Porzellan.

Solvang heißt auf Dänisch „sonnige Wiese" und wurde im Jahre 1911 gegründet von einer Gruppe dänischer Lehrer, die in dieser Gegend einen Ort suchten, um eine Volksschule zu bauen. Sie bauten die Schule, und später das Atterdag College und die ganze Stadt. 3700 Einwohner gibt's jetzt, und 2700 von ihnen sind dänischer Abstammung. Es gibt den Hans Christian Andersen Park und Rassmussen's Haushalt und Strickwarenladen. Gut essen kann man überall, und wer eine Übernachtung vorausbuchen möchte, kann dies im „Royal Copenhagen Motel" im Zentrum der Stadt tun, „a danish style village hotel" **(805) 688–5561** (50 $). Das Solvang Visitors Center liegt gleich nebenan, ebenfalls mitten in der Stadt **(805) 688–6144**.

Wie gesagt, dieser Umweg kostete uns einen ganzen Tag, so schön ist's hier. Am späten Nachmittag sind wir dann auf der SR 154 nur noch bis zum *Lake Cachume* gekommen, wo wir für 10 Dollar den Abend und die Nacht verbringen.

Santa Barbara hat ihre spanisch-mexikanischen Wurzeln bewahrt. Am Hang der Santa Yuez Berge begegnen wir den ersten spanischen Häusern in üppigen subtropischen Gärten. Wir kommen vom San Marcos Pass herunter und empfinden diese üppigen Gärten besonders wohltuend. Links von uns liegt der noble Vorort *Montecito*, von dem man sagt, dort „wohne das alte Geld". Und arm sieht's da wahrlich nicht aus. Weiter unten breitet sich die Altstadt von Santa Barbara aus, die heute unter Denkmalschutz steht. Eine schöne

Auf der „Traumstraße der Welt" von San Francisco nach Los Angeles

Der Pazifik bei *Santa Barbara*

Reges Treiben am Strand von Santa Barbara.

Stadt. Weitgestreut, mit Häusern im spanischen Stil in weiß und ocker, mit karminroten Dächern, von schlanken Palmen überragt.

Sie wurde 1786 gegründet, bei einem Erdbeben 1925 stark mitgenommen, hat heute 75 000 Einwohner und keine Industrie. Santa Barbara ist in erster Linie schön – ein Seebad mit Flair, in dem man seinen Urlaub verbringen könnte. Man flaniert durch die Straßen, sitzt in einem der vielen hübschen Restaurants am Cabrillo Blvd. oder faulenzt an einem der schönen Strände. Hier gibt es die schönsten Strände von Kalifornien. Oder die Altstadt: Der Spaziergang durch die Altstadt auf der markierten *Red Tile Tour,* „Rote Ziegel Tour", führt uns zum *County Courthouse,* zur *City Hall,* zum *Camino Cielo* und zu *El Paso,* der „Spanischen Straße", die man in Damenbegleitung wegen der vielen, schönen Boutiquen meiden sollte! Das Tourist Information Center ist an der Ecke State/Sola Street (805) 965 – 3021, und über die malerische *Los Olivos Street* kommen wir zur *Old Mission Santa Barbara,* der „Königin der Missionen".

Am 4. Dezember 1786 gegründet, war sie die zehnte spanische Mission an der Westküste. Die ersten neun Missionen wurden von Pater Junipero Serra gegründet, Santa Barbara entstand zwei Jahre nach seinem Tode durch seinen Nachfolger Pater Fermin Francisco de Lasuen. Heute gilt sie als die schönste, die Queen aller Missionen.

Der Strand lockt, aber bei der Mission sehen wir eines der blauen Hinweisschilder für den *Scenic Drive,* dem wir jetzt folgen, um auch etwas von den Außenbezirken der Stadt zu sehen. Fünfzehn „Points of Interest" sind in der Karte beschrieben, die man im Visitors Center kostenlos erhält.

Santa Barbara

147 km nördlich von Los Angeles
75.000 Einwohner
Visitors Center: State- Ecke Sola Street
(805) 965 – 3021)

Camping: *El Patio RV Park*
                         4040 Calle Real
                         Santa Barbara, CA 93110
                         (805) 687 – 7614
                         21 Dollar

Motel: *Best Western El Patio Motor Hotel*
                         336 W. Cabrillo Blvd.
                         (direkt am Strand)
                         (805) 965 – 6556   *(70 $)*

Highlights: *El Pasio*
                         Mission Santa Barbara
                         Die Strände

Entfernung San Francisco – Santa Barbara **610 km**
Santa Barbara – Los Angeles **147 km**

Eine große Reise geht ihrem Ende entgegen. Eine Reise, die uns in einige der schönsten Gegenden der Erde brachte. Die unendliche Weite der Wüste, die gewaltigen Bergketten der Sierra Nevada, das Tal des Todes mit seiner glühenden Hitze und den riesigen Flächen der ausgetrockneten Salzseen.

San Francisco und die Cable Car, und

Ein Kalifornischer Traum

die Traumstraße der Welt, von der wir als Kinder schon gehört hatten.

Ein amerikanischer Traum ging in Erfüllung, Vorstellungen aus den Erzählungen von Karl May wurden Wirklichkeit, und die Filmlandschaften der Westernfilme wurden lebendige Gegenwart.

Morgen müssen wir die letzten 147 km bis Los Angeles fahren und das Wohnmobil zurückgeben. Das geht erfahrungsgemäß bei *Go Vacations* schnell und reibungslos, und ein Kleinbus der Mietstation wird uns anschließend zum Flugplatz bringen. Die Rückflüge sind gebucht, und es sollte eigentlich keine Überraschungen mehr geben. Trotzdem bin ich immer wieder froh, wenn ich den Mietwagen heil und ohne Unfall zurückgeben kann.

Wir packen unsere Sachen zusammen, damit es morgen schneller geht, und dann fahren wir noch einmal ans Meer. Weit streift unser Blick über den Pazifik. Seine Dünung läuft von weither aus der offenen See heran und überschlägt sich dann wild schäumend in gewaltiger Brandung vor dem weißen Strand. Draußen blinken die hellen Segel der Boote, und in der Brandung versuchen einige Surfer, mit ihren Brettern auf der inneren Hohlkehle der meterhohen Wellen zu reiten, was einigen sehr geschickten auch gelingt.

Hinter uns auf der Düne hat sich eine Gruppe Jugendlicher eingefunden, die mit einem überdimensionalen knallbunten Gummiball irgendein Spielchen treiben, wobei es äußerst turbulent und lustig zugeht. Es ist ein tolles Bild und ich zücke meine Kamera. Wir sehen die Gruppe schräg von unten gegen den tiefblauen kalifornischen Himmel. Im Hintergrund schlanke Palmen und vorn in einer Gruppe dieses Mädchen. Sie lag da und schaute den Burschen zu. Das Gesicht war uns abgewandt, aber ihr langes, blondes Haar fiel in leichten Wellen über ihre Schultern. Sie lag auf der Seite, die wohlgeformte Hüfte hob sich gegen den blauen Himmel ab. Sie trug einen gelben Bikini, der ihre braungebrannte Haut und die Formen der Schultern, Arme und Hüften umschmeichelte. Sie lag nur einfach da und war doch der perfekte Vordergrund für das Ballspiel unter den Palmen. Im Sucherbild war alles viel zu klein, ich mußte das Objektiv wechseln, dann Zoom einstellen und die Entfernung. Ich wollte auf den Auslöser drücken – da stand sie langsam auf, reckte sich und ging davon.

... dann stand sie
langsam auf, reckte
sich und ging
davon.

Die meisten Leute fliegen nach Amerika, einige fahren mit dem Schiff, keiner ist bisher gelaufen, obgleich die Amerikaner zur Zeit große Jogger sind. Günstige Flüge hängen ab von der Reisezeit, der Reisedauer, der Fluggesellschaft und der Leistungsfähigkeit Ihres Reisebüros. Entgegen vieler Meinungen ist meine persönliche Erfahrung, daß

Reise-
informationen

man mit den „Großen" besser fliegt als mit anderen. Wenn man die Wahl hat, sollte man schon mit LUFTHANSA, SWISS AIR, SINGAPOURE AIRLINES, KLM oder SAS fliegen. Im Sommer 1988 zahlten wir für den Flug Stuttgart–Amsterdam–Los Angeles und zurück 1629,– DM pro Person, im Sommer 1989 gings für 999,– DM, mit CONDOR.

*

Für die *Einreise* in die USA benötigt man kein Visum mehr, nur einen Reisepass, der noch mindestens 6 Monate gültig ist. Maximaler Aufenthalt in USA ist 3 Monate. Gearbeitet werden darf nicht, dazu benötigt man eine Arbeitserlaubnis, und die vergeben die Amerikaner nur sehr ungern.

Schon im Flugzeug füllt man ein beträchtliches Formular für die Einreise aus, die „Immigration Card", die dem Reisepaß beigelegt wird. Mit dem Gepäck muß man auf jeden Fall durch den Zoll, wo in den meisten Fällen Gepäckkontrollen gemacht werden. Obst, Ge-

müse und Fleisch dürfen nicht eingeführt werden. Gegenstände für den persönlichen Gebrauch können zoll- und steuerfrei eingeführt werden. Zollfrei sind weiterhin 200 Zigaretten, 1 Liter alkoholische Getränke und Geschenke bis 100 Dollar. Der „Immigration Officer" prüft die im Flieger ausgefüllten Formulare und stellt ein paar dumme Fragen. Man sollte sich auf etwa eine Stunde einstellen.

*

Wir sind um zehn Uhr zwanzig in Stuttgart abgeflogen und waren am selben Tag um 16:05 in Los Angeles! Beim Rückflug „dauert's länger": von 19:40 bis 19:10 am nächsten Abend.
Schuld ist die *Zeitverschiebung* von 9 Stunden zwischen Deutschland und Kalifornien, das muß man unbedingt beachten. Auch wenn Sie mal nach USA telefonieren: Klingeln Sie Tante Minna nicht nachts um zwölf aus dem Bett im guten Glauben, es wäre dort ebenfalls 9 Uhr morgens, wie bei uns. Zur Ostküste (New York) beträgt die Zeitdifferenz 6 Stunden.
Die Stunden vor 12 Uhr mittags bezeichnet der Amerikaner in der Regel mit a.m., die Stunden zwischen 12 Uhr mittags und Mitternacht mit p.m., also „9 a.m." für morgens um neun und „9 p.m." für 21 Uhr.

*

Auch beim Anschluß des aus Deutschland mitgebrachten Haartrockners oder Bügeleisens kann's Überraschungen geben: Die *elektrische Spannung* in USA ist 110 Volt Wechselstrom, die man nur mit einem speziellen Stecker mit 2 flachen Schneiden aus der Steckdose entnehmen kann, oder mit 2 flachen und einem dicken runden Stift (Masse) bei Schutzkontakt-Steckdosen. Für beide Arten sollte man sich vorher entsprechende Adapter besorgen (Flugplatz!).

*

Die Mobilität im Lande erhalten Sie – abgesehen von öffentlichen Verkehrsmitteln – durch ein *Auto*. Dieses kann der aus Deutschland mitgebrachte *eigene Pkw* sein, ein in USA *gekaufter Pkw*, ein *gemieteter Pkw* (Mietwagen), oder ein **Wohnmobil**.

Eigener Pkw: Natürlich kann man sein eigenes Auto mitbringen. Ob's lohnt, ist fraglich, denn nach 6 Monaten muß es wieder zurück, oder auf amerikanische Verhältnisse umgerüstet, versteuert, versichert und angemeldet werden.

Pkw kaufen: Für 2000 Dollar bekommt man einen sehr schönen Gebrauchtwagen, mit dem man alle Touren bedenkenlos machen kann. Ich hatte auch einmal einen für 500 Dollar gekauft, der war aber schon altersschwach und unzuverlässig. Wenn man sich also entschließt ein eigenes Auto zu kaufen, so sollte man nicht das billigste Vehikel nehmen und auch nur zu etablierten Autofirmen gehen, da sich diese auch gegenüber Ausländern keine Betrügereien leisten können. Am Beach Boulevard in Los Angeles z. B. finden Sie jede Menge günstige Angebote, bei denen man nicht übers Ohr gehauen wird. Der Händler besorgt die Zulassung von einem Tag auf den nächsten, bis dahin ist Ihr Wagen aber um einiges teurer geworden. Zu dem vereinbarten Kaufpreis muß man folgende zusätzliche Kosten rechnen: Mehrwertsteuer 5 3/4%, Haftpflichtversicherung ca.

415 $ pro Jahr oder ca 219 $ für 3 Monate, und das Nummernschild (Zulassung) für 60 Dollar. Beim Wiederverkauf nach Beendigung der Reise verliert man natürlich wieder Zeit und Geld. Trotzdem sollte man dieses Verfahren ins Auge fassen, natürlich nur bei längerem Aufenthalt. Wir haben für 10 Monate einen eigenen kleinen Datsun erworben, der uns treue Dienste leistete (den komfortablen, uralten und riesengroßen Amischlitten haben wir nach wenigen Wochen schnell wieder abgestoßen!).

Wer sich die Unannehmlichkeiten beim Kauf und Verkauf ersparen und trotzdem in USA sein eigenes Auto fahren möchte, kann bereits in Deutschland den Service des *Transatlantic Automobile Export Inc.* in Anspruch nehmen. Deutsche Vertretung in 4550 Bramsche, Rossinistraße 11 **(05461)62060**. Diese Firma bietet Gebrauchtwagen an einschließlich Wohnmobilen, von 1000 bis 20000 Dollar. Alle Fahrzeuge sind geprüft und haben Garantie auf Motorblock, Getriebe und Achsen. Man übernimmt sie in New York oder Los Angeles fertig zugelassen und versichert und der Trick ist, daß die Firma schon beim Kauf den Rückkauf garantiert. Also nach Beendigung der Reise zurück zu „Transatlantik", Wagen abgeben und ab die Post. Das ist sehr bequem, man verliert keine kostbaren Urlaubstage und hat keinerlei Lauferein. Die Abschreibung für die ersten 12.000 Meilen ist 1720 Dollar, für jede weitere Tausend Meilen verliert man 100,– Dollar.

Mietwagen. Auch die preiswerten Angebote lokaler Autovermieter sind nicht billig, man fährt aber ein neues Auto, kann es umtauschen wenn's kaputt geht und hat keinen Ärger mit Versicherungen oder beim Wiederverkauf. Unter 200 Dollar die Woche wird man aber sicher nichts bekommen.

Wohnmobil: Wohnmobile mietet man am besten schon in Deutschland an. DER und ADAC arbeiten mit dem amerikanischen Vermieter „Go Vacations" zusammen, der uns mehrmals gut und pünktlich versorgt hat. Der sieben Meter Wagen für 4 Personen kostet 190 DM pro Tag zuzüglich evtl. einer freiwilligen Zusatz-Haftpflichtversicherung gegen Beschädigungen am Fahrzeug. Diese beträgt je nach Umfang 8 bzw 12 $ pro Tag. Der Mietpreis wird in Deutschland bezahlt, inbegriffen ist der Transfer vom Flughafen zur Mietstation und zurück sowie die Lagerung der leeren Koffer in der Mietstation.

*

Das Reisen im Wohnmobil ist nicht billiger als im Miet-Pkw plus Hotelkosten, aber es macht Spaß.
Wer im normalen Pkw reist, sollte sich an die bekannten Motel-Ketten halten wie *Best Western* oder *Motel 6.* Diese sind relativ preiswert und im allgemeinen gut und sauber. Innerhalb der Hotelkette werden Reservierungen kostenlos vorgenommen. Ich habe im Anhang zu den einzelnen Reiseabschnitten stets ein annehmbares Hotel angegeben.

*

Amerikanische *Essensgewohnheiten* unterscheiden sich von den deutschen: Nicht das Mittagessen ist die bedeutendste Mahlzeit des Tages, sondern das Abendessen (dinner). Zum Frühstück gibt's Fruchtsaft, Kaffee und Toast mit Marmelade, oder „Hashbrowns" (geröstete Kartoffelschnitzel), „Cereals" (Cornflakes, Haferflocken oder ähnliches), „Pancake" (Eierkuchen) mit Sirup sowie Eier mit Schinken oder Speck, also „Ham and Eggs". Man sollte wissen, wie die Zubereitung der Eier benannt wird: „Sunny side up" sind Spiegeleier, wie wir sie kennen, bei „Overeasy" oder „over" sind die Spiegeleier auf beiden Seiten gebraten. Und „Scrambled Eggs" sind Rühreier.
Das Mittagessen („Lunch" – zwischen 11 und 14 Uhr) ist eine Angelegenheit zwischen Tür und Angel: belegte Brötchen oder „Hamburger", Suppe oder Salat. Dazu große Mengen kaltes Wasser, oder auch Fruchtsaft oder Kaffee.
In den Restaurants der USA warten auch bessere Leute geduldig, bis ihnen die Empfangsdame oder der Lokalchef einen Platz anweist. Man ist sehr akkurat: Leute, die nicht zusammengehören, werden nie an einen Tisch gesetzt. Weshalb sich zuweilen – gerade vor feineren Restaurants – lange Schlangen bilden: jeder wartet geduldig, bis ein Platz frei wird. Bei der Bestellung sollte man dem Ober gleich sagen, wenn man getrennte Rechnungen wünscht, sonst geht alles auf eine Karte.
Das Abendessen („Dinner") ist die Hauptmahlzeit des Tages. Es besteht aus den auch bei uns üblichen Vor-, Haupt- und Zwischengerichten. Nur nimmt man es, weil man mittags wenig aß und nach den Cocktails endlich etwas in den Magen kriegen will, ziemlich früh ein: zwischen 17 und 20:30 Uhr. Die übliche Dinner-Zeit ist um sieben.
Wenn Sie sich auf den Standpunkt stellen: Ich bin nicht nach Amerika gefahren, um vornehm und gut zu essen, ich möchte bloß nicht gern verhungern –

134

dann mag dies zwar kulinarisch bedenklich sein, doch ökonomisch ist es sehr vernünftig. Denn feines Essen ist in Amerika nicht billig. Da sind wir natürlich im Wohnmobil fein raus: wir kochen uns was wir wollen und essen wann's uns passt, und nur zu besonderen Anlässen gehen wir ins Restaurant. Dort erwartet man noch 15 Prozent Trinkgeld, welches man normalerweise beim Verlassen auf dem Tisch liegenläßt. Nur in Selbstbedienungsrestaurants hätte diese Sitte keinen Sinn; sie käme allein dem nächsten Gast zugute. Die Amerikaner lieben mobile Ferien. Mit ihren Wohnwagen ziehen sie durch die Landschaft, von einem Campingplatz zum anderen. Aber man sieht auch junge Amerikaner, die mit Zelten unterwegs sind.

Alle Campingplätze in den USA sind auf Wohnmobile eingerichtet – meist mit Wasser- und Stromanschluß, zuweilen mit einer Feuerstelle für jeden Standplatz. „Full hook up" beinhaltet eine eigene Abwasserversorgung. Auch gewaltige Holztische mit Bänken findet man an vielen Stellplätzen vor. Und der enge Betrieb, der auf vielen europäischen Campingplätzen die Regel ist, würde den Amerikanern sehr unbequem vorkommen: dort sind die Stellplätze immer ausreichend groß.

Die meisten und schönsten Campingplätze liegen natürlich dort, wo die Touristen sind: in den Nationalparks, an Seen oder am Meer.

Die Campinggebühren sind auf öffentlichen Plätzen sehr niedrig, auf Privatplätzen zum Teil recht hoch. Die KOA-Plätze (Kampgrounds Of Amerika) sind sehr gepflegt, kosten allerdings ca 16 bis 20 Dollar pro Nacht und Fahrzeug.

In den National-parks gibt es wunderschöne Campingplätze.

Telegraf und *Telefon* haben in Amerika nichts mit der Post zu tun; sie sind fest in privater Hand. Das macht keinen großen Unterschied – nur eben den, daß man zum Telefonieren nicht zum Postamt gehen kann.

Das amerikanische Telefonnetz ist hervorragend, nur das Wählen scheint auf den ersten Blick ein wenig verdreht. Und dabei vermißt man dann die persönliche Betreuung durch die Telefondame in den deutschen Postämtern.

Man sucht sich also eine Telefonzelle, von denen es in Amerika unzählige gibt, nimmt den Hörer ab, wartet bis das Freizeichen ertönt, wirft für ein Ortsgespräch ein oder zwei Zehn-Cent-Stücke ein und wählt. Auch Ortsgespräche dürfen nur drei Minuten dauern. Wer länger sprechen will, muß nachzahlen. Mitten im Gespräch meldet sich ein Stimmchen und fordert auf, weitere fünf, zehn, oder fünfundzwanzig Cent (Quarter) einzuwerfen. Man tut deshalb gut daran, sich vor einem Gespräch ausreichend mit diesen Münzen zu versorgen.

Auch Ferngespräche kann oder muß man aus der Telefonzelle führen. Man wählt die Null; die Vermittlung („Operator") meldet sich, und fast gleichzeitig gibt der Fernsprecher die eingeworfenen Münzen zurück. Gespräche mit dem Operator sind gebührenfrei. Jetzt wird sich die Telefonistin nach der Nummer erkundigen, die Sie anwählen wollen, nennt Ihnen daraufhin den Geldbetrag, den Sie einwerfen müssen, und fordert Sie zum Wählen auf („dial your number"). Bei längeren Gesprächen werden Sie auch hier zwischendurch zum Nachzahlen aufgefordert. Das kann eine ganze Menge Quarters verschlingen, besonders wenn man nach Übersee telefoniert, denn auch das geht aus der Telefonzelle. Das kostet fünf bis neun Dollar für drei Minuten.

Der Wohnmobilfahrer hat kein eigenes Telefon und ist deshalb auf Telefonzellen angewiesen. Da Sie auf der Rundreise des öfteren telefonieren müssen, um Reservierungen auf Campingplätzen oder besonders schön gelegenen Restaurants zu machen, sollten Sie das Telefonieren gleich am ersten Tag üben. Für eine vierwöchige Rundreise lohnt sich auch eine Kreditkarte. Mit dieser kann man ohne Münzen telefonieren, man sollte sie vorher über das Reisebüro oder den ADAC besorgen.

Nach Deutschland haben wir von der Rezeption eines Hotels oder Motels telefoniert. Der freundliche Hotelangestellte wird auf ein Telefon deuten und sagen „help yourself". Und nun helfen Sie sich mal selbst: Folgende Nummern müssen gewählt werden: **8** (Amt) – **001** (International) – **49** (Deutschland) – **211** (für Düsseldorf, ohne Null!) – **Teilnehmer.**

Vielen Amerikanern ist die Kenntnis, daß es außer dem Dollar auch noch andere Währungen gibt, nicht sehr geläufig. So macht es zuweilen große Schwierigkeiten, deutsches Geld im Lande umzuwechseln. In den Hotels geht es gar nicht und selbst in den Banken, besonders in den kleinen Provinzbanken, hat man oft Pech. Nur die Wechselschalter der Flughäfen sind garantiert auf deutsches Geld eingestellt.

Am besten also tauscht man schon zu Hause. Es ist kein Problem und nicht verboten, beliebig viele Dollars nach Amerika einzuführen.

Noch praktischer ist es, mit *Kreditkarten* zu reisen.

In Amerika hat jedermann solche Karten. Bei größeren Beträgen macht man sich als Barzahler fast verdächtig: Was ist das für ein Mensch, dem offensichtlich keiner mehr Kredit gibt? Mit der Kreditkarte kann man auch kleine Beträge begleichen oder an Tankstellen bezahlen. Am zweckmäßigsten ist die europäische „Eurocard", die dem amerikanischen „Master Card"-Unternehmen angeschlossen ist. Auch mit der „Visa" Karte kommt man überall zurecht. Nur „AMERICAN EXPRESS" hat an der Westküste Schwierigkeiten: Immer wieder mußte ich hören „Visa or Master Card only, sorry"

Ich persönlich arbeite in Amerika nur mit Kreditkarten. Wer aber etwas gegen die Plastikkarten hat, ist mit Reiseschecks ebenfalls gut bedient. Banken, Hotels, Restaurants, Autoverleiher und Nachtklubbesitzer nehmen sie anstandslos an. Aber achten Sie darauf, daß Ihre Bank Ihnen Schecks in Dollarwährung besorgt. DM-Schecks sind in den USA so verdächtig wie Falschgeld.

*

Da wir schon beim Geld sind, werden Sie jetzt fragen. „was kostet denn so eine Reise?"

Das hängt natürlich in erster Linie davon ab wie man's macht, was man macht und wie lange die Reise dauern soll oder darf.

In diesem gewaltigen und interessanten Land gilt: je länger desto besser! Unter 30 Tagen lohnt sich's kaum.

Die Kosten für 32 Tage für 3 Erwachsene in der Hochsaison waren 1987 und in etwa auch 1988:

Drei Flüge Stuttgart-Amsterdam-Los Angeles	4962,- DM
Wohnmobil von Go Vacations (über ADAC)	6094,- DM
Camping Gebühren (fast immer KOA-Plätze)	1080,- DM
Zusatzversicherung für Wohnmobil (optional)	941,- DM
Benzin (1666 Liter für 6000 km)	815,- DM
Verpflegung, Touren, Eintritt u. ä.	4800,- DM
	18700,- DM

137

Register

Abendstimmung am
Grand Canyon